Georg Zurlo

Tanganjika-
Buntbarsche

Mit Fotos bekannter Aquaristik-Fotografen
Zeichnungen: Johann Brandstetter

- Faszinierendes Verhalten.

- Vielfältige Farben, Formen und Größen.

- Bilden oft Reviere.

- Nicht immer gesellschaftsfähig.

- Interessante Fortpflanzung.

- Geschlechter meist schwer zu unterscheiden.

- Höhlenbrüter oder Maulbrüter.

- Meist einfach zu züchten.

- Viele Farb- und Standortvarianten.

- Nicht immer pflanzenfreundlich.

Tanganjikasee-Cichliden sind im Laufe der letzten 40 Jahre zu sehr beliebten Aquarienfischen geworden. Anfangs waren sie eine sensationelle Neuheit, dann kamen sie groß in Mode und heute gelten sie als ganz besonders interessante Gruppe unter den farbenprächtigen Buntbarschen. Sie besetzen meist Reviere, werden zwischen 3 und 35 cm lang und sind nicht immer pflanzenfreundlich. So ist es nicht verwunderlich, daß einige Arten für Gesellschaftsaquarien weniger gut geeignet sind. Alle Tanganjikasee-Cichliden aber beeindrucken durch ihr Verhalten, vor allem während der Fortpflanzung. Und sowohl die Höhlenbrüter als auch die Maulbrüter unter ihnen sind meist leicht zu züchten. Viele Aquarianer spezialisieren sich auf diese Gruppe der Buntbarsche, aber auch für weniger erfahrene Cichlidenfreunde sind eine Reihe von Arten aus dem Tanganjikasee gut geeignet.

6 ENTSCHEIDUNGSHILFEN

1 Ist Ihr Aquarium groß genug? Nur wenige Arten von Tanganjika-see-Cichliden können in kleinen Becken (→ Seite 14) gepflegt werden.

2 Legen Sie Wert auf ein üppig bepflanztes Aquarium? Tangan-jikasee-Cichliden sind nicht immer pflanzen-freundlich (→ Seite 40).

3 Tanganjikasee-Cich-liden brauchen Flocken- und Gefrier-futter höchster Qua-lität, wenn sie sich im Aquarium fortpflanzen sollen.

4 Haben Sie Zeit, Ihre Fische regelmäßig zu beobachten, um »Streithähne« rechtzeitig trennen zu können?

5 Ist Ihr Leitungswasser für Tanganjikasee-Cichliden geeignet? Hat es mindestens 8 Grad deutsche Ge-samthärte und einen pH-Wert von 7,5 oder darüber?

6 Wollen Sie auch Fische anderer Herkunft in Ihrem Aquarium pflegen? Die Verge-sellschaftung solcher Arten mit Tanganjika-see-Cichliden ist oft problematisch.

7 Besitzen Sie ein zweites Aquarium, um unverträgliche Tiere auszuquartieren oder Jungfische auf-zuziehen?

8 Haben Sie die Mög-lichkeit, Salinenkrebs-Nauplien (→ Seite 44) als Futter für junge Tanganjikasee-Cich-liden anzuziehen?

Wichtige Überlegungen vor dem Kauf

Tanganjikasee-Cichliden sind nicht besonders anspruchsvoll, außer was ihren Raumbedarf angeht. Bis auf wenige Arten gilt das Motto »je größer das Aquarium, desto besser«, denn Krankheiten oder aggressives Verhalten treten vor allem in Becken unter 1 m Länge auf. Planen Sie schon im Vorfeld, ob Sie nur eine oder mehrere Arten von Tanganjikasee-Cichliden pflegen wollen. Achten Sie auf die richtige Zusammenstellung der Gesellschaften (→ Seite 30) und informieren Sie sich genau über Verträglichkeit und Raumbedarf der einzelnen Spezies. Beginnen Sie Ihre Auswahl mit der für Sie wichtigsten Art und suchen Sie die anderen dazu passend aus. Beachten Sie auch, daß die Einrichtung des Aquariums (→ Seite 36) weitgehend durch die Ansprüche der ausgewählten Arten festgelegt wird. Wenn Sie nur ein kleineres Becken unterhalten können, sollten Sie ihr Augenmerk vor allem auf Schneckenbuntbarsche (→ Seite 14) richten.

ARTEN UND NATÜRLICHER LEBENSRAUM

Der Tanganjikasee im ostafrikanischen Grabenbruchsystem ist die Heimat von fast 200 Buntbarscharten, die sonst nirgendwo auf der Welt vorkommen. Sie sind lebhaft und oft aggressiv, aber auch farbenprächtig und faszinierend in ihrem Verhalten.

Außergewöhnlich: der Tanganjikasee

Der Tanganjikasee ist in vieler Hinsicht ein Gewässer der Superlative: Mit 660 km ist er der längste Süßwassersee der Welt und nach dem Baikalsee der zweittiefste (1500 m). Trotz seiner extrem gestreckten Form – er ist nur zwischen 16 bis 70 km breit – nimmt er eine Fläche von annähernd 33 000 km² ein und ist damit der zweitgrößte See in Ostafrika und der sechstgrößte der Erde. Er bildet die Grenze zwischen der Demokratischen Republik Kongo (früher Zaire) im Westen und Tansania im Osten. Im Norden grenzt Burundi und im Süden Sambia an den See.

Entstehungsgeschichte: Der Tanganjikasee entstand vor mehr als zehn Millionen Jahren als ältester Teil des ostafrikanischen Grabenbruchsystems, das sich vom Roten Meer bis zum Malawisee erstreckt. Er liegt auf etwa 775 m Höhe über dem Meeresspiegel und ist auf weiten Strecken von Steilufern umgeben.

Neolamprologus buescheri, der obere Fisch droht, der untere macht sich klein, um zu beschwichtigen.

Der See wird durch zahlreiche kleinere Flüsse mit Wasser gespeist, aber er hat nur einen Ablauf: den Lukuga im Westen bei Kalemie, der in den Kongo mündet. In der Vergangenheit war der Wasserstand erheblichen Schwankungen unterworfen, so daß zeitweise überhaupt kein Abfluß existierte. Lange Zeit lag er so tief, daß nördlicher, südlicher und mittlerer Teil des Sees als getrennte Gewässer existierten.

Das Wasser des Tanganjikasees

Nur in den oberen 100 bis 200 m des Tanganjikasees ist Sauerstoff, die Voraussetzung für höheres Leben, vorhanden. Die Temperaturunterschiede in den verschiedenen Tiefen sind so gering, daß kaum ein Austausch zwischen den einzelnen Wasserschichten stattfindet. Nur unter besonderen Umständen finden größere Wasserumwälzungen statt, die sauerstoffloses Tiefenwasser an die Oberfläche bringen und dadurch große Fischsterben auslösen können.

Die Wasserwerte in der belebten Schicht sind im gesamten Tanganjikasee weitgehend die gleichen. Der Aquarianer wird natürlich bemüht sein, seinen Pfleglingen Bedingungen zu schaffen, die ihrem Herkunftsgewässer möglichst ähnlich sind. Dort liegt die Wassertemperatur in den flachen Bereichen um 27 °C, vereinzelt auch etwas darüber, und sinkt in den tieferen Schichten um kaum mehr als 3 °C ab.

Mineralreiches Wasser führen die meisten Zuflüsse. Ein großer Anteil davon verdunstet unter der tropischen Sonne. Deshalb ist es nicht verwunderlich, daß das Wasser des Tanganjikasees außerordentlich mit Mineralstoffen angereichert ist. Dies spiegelt sich in verschiedenen Wasserwerten wieder:

✔ Die elektrische Leitfähigkeit beträgt etwa 600 Mikrosiemens, seine Gesamthärte liegt zwischen 10 und 12 °dGh, die Karbonathärte zwischen 15 und 18 °dH. Entsprechend ist auch die Anreicherung des Aquarienwassers mit Mineralien erwünscht. Kalkhaltige Steine sind deshalb bei der Pflege von Tanganjikasee-Cichliden als Dekorationsmittel gut geeignet.

✔ Der pH-Wert des Seewassers liegt infolge des hohen Kalkgehalts deutlich im alkalischen Bereich, bei mindestens bei 7,5, meist sogar über 8,0. Sauer wirkende Materialien wie Moorkienholz oder Torf haben deshalb in einem Tanganjikasee-Aquarium nichts zu suchen.

Übergangszone im Tanganjikasee: rechts die Felsenküste mit zahlreichen Versteckmöglichkeiten, links der spärlich bewachsene Sandbereich.

Die Lebensbereiche im Tanganjikasee

Die Felsenzone in unmittelbarer Küstennähe ist der wichtigste Lebensbereich der Buntbarsche im Tanganjikasee. Je nachdem wie steil das Ufer abfällt, wie groß die vorhandenen Felsen sind, ob sie teilweise mit Sand und Ablagerungen bedeckt sind oder nicht und in welcher Tiefe sie liegen, ergeben sich die unterschiedlichsten Lebensbedingungen für die Buntbarscharten, die sie bewohnen:

✔ Die Felsen bieten den Cichliden Versteckmöglichkeiten, Ablaichplätze und Nahrungsreviere und bestimmen damit alle wichtigen Lebensabläufe.

✔ In Tiefen bis 15 m ist das Gestein dicht mit Algen bewachsen, von denen sich die aufwuchsfressenden Buntbarsche (→ Seite 22) ernähren. Sie dominieren in diesem Bereich.

✔ In größerer Tiefe sind die Felsen mehr mit Sand und Ablagerungen bedeckt. Hier finden die Arten, die sich von Krebstieren, Insektenlarven und kleinen Fischen ernähren, die besseren Nahrungsbedingungen.

✔ Die zahllosen Felsspalten und -nischen dienen den in Höhlen brütenden Cichliden als Verstecke für sich selbst und für ihren Nachwuchs. Felsplatten und flache Steine in geschützten Lagen sind dagegen vor allem bei den Arten als Ablaichplätze beliebt, die Maulbrutpflege betreiben.

Die Sandzone ist ein völlig anderer Lebensbereich. Sie kann im küstennahen Flachwasser oder in größeren Tiefen vor einer Felsenküste vorkommen und bietet weder Versteckmöglichkeiten noch geschützte Ablaichplätze und auch keinen pflanzlichen Aufwuchs. Hier leben die maulbrütenden Sandcichliden (→ Seite 26), die sich Laichgruben bauen und die kleinbleibenden Schneckenbuntbarsche, die leere Gehäuse von Wasserschnecken als Verstecke und Bruthöhlen (→ Seite 14) benutzen.

Neben Felsen- und Sandzone gibt es Bereiche, die keinem dieser beiden Lebensräume eindeutig zugeordnet werden können: Sandflächen mit einzelnen Steinen oder Felsformationen und Geröllfelder mit eingestreuten Sandbereichen. Solche Übergangszonen vereinen in sich die Vorzüge beider Lebensbereiche. Neben einigen spezialisierten Arten kommen deshalb hier auch häufig Cichliden der Felsen- und der Sandzone vor.

Das offene Wasser in der Nähe von Felsen oder über felsigem Untergrund ist der Lebensbereich der Kärpflingscichliden (→ Seite 29). Noch weiter entfernt vom Ufer leben hier außerdem große Fischräuber aus der Gattung *Bathybates*, die jedoch kaum für die Pflege in Aquarien geeignet sind.

Pflanzenzonen findet man im Tanganjikasee nur ganz vereinzelt, und Pflanzen spielen deshalb im Leben der dortigen Cichliden höchstens eine untergeordnete Rolle. Im Aquarium können wir auch ganz auf sie verzichten. Die wenigen Buntbarscharten, die sich häufiger in Pflanzenbeständen aufhalten, sind nicht sehr interessant und werden nur sehr selten im Handel angeboten.

Die Cichlidenarten

Die isolierte Lage des Tanganjikasees in Kombination mit extremen Wasserwerten hat dazu geführt, daß sich eine besonders arten- und variantenreiche Fischfauna, insbesondere Buntbarschfauna entwickeln konnte. Fast alle diese Cichlidenarten sind endemisch, d.h. sie kommen ausschließlich im Tanganjikasee vor. Im Lauf der Jahrmillionen haben sich vielfältige Lebens-, Ernährungs- und Fortpflanzungsgewohnheiten

entwickelt. Standortvarianten und Farbrassen sind von vielen Arten bekannt. Immer weiter reichende Spezialisierungen beim Nahrungserwerb verringern den Konkurrenzdruck zwischen äußerlich ähnlichen Arten. Ein hochentwickeltes Brutpflegeverhalten schützt zudem den Nachwuchs vor Freßfeinden.

Offenbrüter: Nur eine einzige Buntbarschart des Tanganjikasees versteckt ihr Gelege nicht. *Boulengerochromis microlepis* ist mit bis zu 80 cm Länge der größte Cichlide der Welt und als Aquarienfisch kaum geeignet.

Maulbrüter: Eine Reihe von Cichlidenarten erbrüten ihre Eier im Schutz ihres Mauls. In dieser Gruppe finden sich viele beliebte Aquarienfische. Die meisten Arten leben agam, d. h., sie bilden keine Paare. Nach dem Ablaichen betreuben nur die Weibchen Brutpflege. Bei manchen

Flache Sanduferzonen bieten den dort lebenden Maulbrütern und Schneckenbuntbarschen nur wenig Versteckmöglichkeiten.

Arten kümmern sie sich auch noch um ihre Jungen, nachdem diese freigeschwommen sind. Andere Maulbrüter bilden vorübergehend oder auf Dauer Paare, die sich bei der Betreuung des Nachwuchses abwechseln. Bei einigen Arten tauschen Weibchen und Männchen die Eier mehrfach hin und her, bei anderen gibt das Weibchen sie nur einmal, etwa in der Mitte der Brutzeit, an das Männchen weiter. Auch in dieser Gruppe betreuen manche Arten ihre Jungfische nach dem ersten Freischwimmen noch einige Zeit weiter. Maulbrütende Cichlidenarten findet man im Tanganjikasee in fast allen

Lebensbereichen: in der Felsen- und der Sandzone, auf den Übergangsflächen und auch im
freien Wasser. Außerhalb der Brutpflegezeit
leben sie je nach Art in Kolonien oder Gruppen
zusammen oder führen ein Einzelgängerdasein.
Höhlenbrüter haben ebenfalls fast alle Biotope
des Tanganjikasees besiedelt. In der Vielfalt der
Lebensgewohnheiten stehen sie den Maulbrütern in nichts nach. Sie leben zwischen großen
Felsbrocken, an Steinhaufen oder auf Sandflächen und legen ihre Eier in die unterschiedlichsten Höhlen: von engen Felsspalten über
geräumige Nischen bis zu den leeren Gehäusen
von Wasserschnecken. Um ihren Nachwuchs
kümmern sie sich in verschiedenen Familienformen: als Elternpaare, in einem Harem, oder in
ganzen Brutkolonien. Manche Arten betreuen
und führen ihre Jungen auch nach dem Frei-

*Geröllzonen in Ufernähe sind bevorzugte Le-
bensbereiche für Aufwuchsfresser und für die
Jungfische vieler anderer Buntbarscharten.*

schwimmen noch längere Zeit, andere schützen
sie nur noch indirekt, indem sie das gemeinsam
bewohnte Revier verteidigen.
Es sind außergewöhnliche Fische, die aus dem
Tanganjikasee in unsere Aquarien kommen. Und
als Modefische haben sie auch in der Aquaristik
lange Zeit eine außergewöhnliche Rolle ge-
spielt. Inzwischen gehören sie zum »normalen«
Angebot von Zoofachgeschäften. Doch außer-
gewöhnlich geblieben sind die faszinierenden
Beobachtungen, die sie dem Aquarienfreund
durch ihr interessantes und vielfältiges Verhalten ermöglichen.

Höhlenbrüter

Unter den höhlenbrütenden Buntbarschen des Tanganjikasees finden sich zwar einige recht große Raubfische *(Lepidiolamprologus)*, die meisten Arten bleiben aber kleiner und sind für das Aquarium gut geeignet. Sie gehören zu den Gattungen *Neolamprologus* (über 50 Arten!), *Julidochromis, Chalinochromis, Altolamprologus, Telmatochromis* und *Lamprologus*. Zur letzteren zählen auch Arten die außerhalb des Tanganjikasees leben. Für den Aquarianer bedeutsam ist eine Einteilung der Höhlenbrüter in Gruppen mit ähnlichen Pflegeansprüchen:

Schneckenbuntbarsche

Wie ihr Namen schon nahelegt, benutzen Schneckenbuntbarsche die leeren Gehäuse von Wasserschnecken als Verstecke und Bruthöhlen. Sie leben auf Sandflächen in der Übergangszone zum Felsenbereich. Zu den Schneckenbuntbarschen gehören die kleinsten Höhlenbrüter und die kleinsten Tanganjika-see-Cichliden überhaupt. Bei fast allen Arten werden die Männchen deutlich größer.

✔ Am beliebtesten sind *Neolamprologus multifasciatus* und *Lamprologus ocellatus*. *N. multifasciatus* (→ Seite 16) und der ihm ähnliche *N. similis* werden höchstens 3–4 cm lang und neigen zur Haremsbildung. Mit der Zeit kann aus einer kleinen Gruppe eine ganze Kolonie entstehen, weil mehrere Nachwuchsgenerationen gleichzeitig großgezogen werden.

✔ *L. ocellatus* und ähnliche Arten *(L. speciosus, L. meleagris)* werden etwas größer (Männchen 5 cm, Weibchen 3,5 cm). Man pflegt sie am besten paarweise. In Aquarien ab 120 cm Länge kann man versuchen, ein Männchen mit einem Harem oder mehrere Pärchen zusammen zu halten. Die Jungfische dieser Arten dürfen sich noch eine Zeit lang bei Gefahr in das mütterliche Schneckenhaus flüchten. Erst kurz vor dem nächsten Ablaichen werden sie vertrieben.

✔ Kleinwüchsig sind auch die dezent gefärbten *L. signatus* (→ Seite 53) und *L. ornatipinnis* sowie *N. brevis* (→ Seite 54), bei der Männchen und Weibchen bei Gefahr gemeinsam in ihr Haus flüchten. *L. signatus* lebt im Tanganjikasee in engen Sandhöhlen, im Aquarium verhält er sich aber wie ein Schneckenbuntbarsch.

✔ Deutlich größer werden *L. callipterus* (→ Seite 17), *N. boulengeri* (→ Seite 36) und *N. meeli*: Die

Schneckenbuntbarsch (Lamprologus ocellatus) über seinem eingegrabenen Schneckenhaus mit Jungfischen.

ausgewachsenen Männchen dieser Arten passen nicht mehr in ein Schneckenhaus. Besonders ausgeprägt ist der Größenunterschied der Geschlechter bei *L. callipterus*: Die Weibchen werden 4–5 cm, die Männchen bis zu 13 cm lang.

✔ *Telmatochromis* sp. »vittatus shell« und *Altolamprologus* sp. »Sumbu« = »Schnecken-Compressiceps« bewohnen gerne in Gruppen große Schneckenhausansammlungen, *T. burgeoni* zieht ein paarweises Leben vor.

Haltung im Aquarium: Aufgrund ihrer geringen Größe können Schneckenbuntbarsche auch in relativ kleinen Becken gepflegt werden. Eine Gruppe *N. multifasciatus* nimmt sogar mit einem Aquarium von 60 x 40 cm Grundfläche vorlieb. Vergessen Sie nicht, Ihren Pfleglingen reichlich leere Schneckenhäuser (z. B. von Weinbergschnecken) zur Verfügung zu stellen. Einige Spezies sind allerdings flexibel und nehmen auch mit Steinhöhlen vorlieb, z. B. *N. similis*. Alle oben vorgestellten Arten von Schneckenbuntbarschen können in größeren Aquarien auch gut mit anderen Tanganjika-Buntbarschen vergesellschaftet werden (→ Seite 30), sofern diese nicht ebenfalls den Sandbereich bewohnen. In großen Aquarien (ab 150 cm Länge) ist es auch möglich, mehrere Arten von Schneckenbuntbarschen zusammen zu pflegen.

Ernährung: Alle Sorten Trocken-, Frost- oder Lebendfutter (→ Seite 42). Besonders geeignet sind auch Salinenkrebs-Nauplien.

Fortpflanzung und Zucht: Wenn sie sich wohl fühlen und gut ernährt sind, pflanzen sich alle Schneckenbuntbarsche problemlos ohne weiteres Zutun im Aquarium fort. Bei den gesellig lebenden Arten laicht das Männchen reihum mit seinem Harem ab. Um die Pflege der Eier kümmert sich das Weibchen, während das Männchen das Revier gegen Eindringlinge verteidigt. Die gleiche Rollenverteilung gilt auch für die paarweise lebenden Arten.

T I P

Beim Kauf beachten

Bevor Sie Tanganjika-Buntbarsche kaufen, sollten Sie sich über die erforderliche Aquarien-Einrichtung (→ Seite 36), über die Eigenschaften der von Ihnen gewünschten Fische und über die verschiedenen Möglichkeiten der Vergesellschaftung (→ Seite 30) informieren.

✔ Die größte Auswahl finden Sie in spezialisierten Zoofachhandlungen und bei Züchtern. Bezugsadressen erfahren Sie von Ihrem Zoofachhändler, aus Aquarienzeitschriften, bei Aquarienvereinen oder bei der Deutschen Cichliden-Gesellschaft (DCG) (→ Seite 62).

✔ Kaufen Sie Nachzuchten – keine Wildfänge – und mindestens vier bis sechs Tiere einer Art. Wenn die Geschlechter der Fische zu unterscheiden sind (→ Seite 54), wären bei Maulbrütern zwei Männchen und vier Weibchen und bei Höhlenbrütern zwei bis drei Pärchen ideal.

✔ Setzen Sie möglichst alle neu hinzugekauften Tanganjika-Buntbarsche auf einmal in Ihr Aquarium ein.

Kleinere Höhlenbrüter

(Neolamprologus und *Telmatochromis)*
Sowohl im Tanganjikasee als auch in den Aquarien sind die kleineren Höhlenbrüter der Gattung *Neolamprologus* besonders häufig.
Sie bewohnen die Felsen- oder die Übergangszone und stellen ähnliche Pflegeansprüche, obwohl die einzelnen Arten sehr unterschiedlich aussehen.

IM PORTRÄT:
HÖHLENBRÜTER

Höhlenbrütende Buntbarsche gibt es im Tanganjikasee in vielfältigen Formen und Farben. Sie leben paarweise oder in Gruppen.

Foto oben: Neolamprologus longior ist eine der besonders plakativ gefärbten Arten.

Foto oben: Imponierende Männchen von Neolamprologus multifasciatus, der kleinsten Buntbarschart aus dem Tanganjikasee.

Foto oben: Neolamprologus cylindricus besitzt eine besonders kontrastreiche Färbung.

Foto oben: Julidochromis regani ist eine der großwüchsigeren Schlankcichliden-Arten.

Foto oben: *Neolamprologus tretocephalus,* kenntlich an seinen fünf Seitenstreifen.

Foto oben: *Die Weibchen von Altolamprologus calvus bleiben kleiner als die Männchen.*

Foto unten: *Der Größenunterschied von Männchen und Weibchen bei Lamprologus callipterus ist verblüffend.*

Foto oben: *Lang ausgezogene Flossenspitzen zieren außer Neolamprologus brichardi noch einige recht ähnliche Arten, die eng verwandt sind.*

Foto links: *Telmatochromis burgeoni verhält sich manchmal wirklich so grimmig, wie er mit seinem Stirn-buckel aussieht.*

Kleinere Höhlenbrüter

✔ Mit ihrer grazilen Körperform, den lang ausgezogenen Flossen und zarten Farben ist *N. brichardi* (die »Prinzessin von Burundi«) eine richtige Schönheit. Inzwischen sind auch zahlreiche sehr ähnliche Arten im Handel: *N. pulcher*, *N. savoryi*, *N. obscurus* und *N. caudopunctatus* sind den Aquarianern schon länger bekannt, *N. splendens*, *N. falcicula*, *N. crassus*, *N. gracilis* und *N. olivaceus* wurden erst in den letzten Jahren beschrieben.

✔ Andere wichtige kleine Höhlenbrüter gruppieren sich um die zwei oft verwechselten, schlanken Arten *N. longior* (→ Seite 16) und *N. leleupi*. *N. buescheri* (→ Seite 8) und *N. cylindricus* (→ Seite 16) sind schon länger bekannt, *N. mustax*, *N. petricola*, und *N. niger* selten im Angebot, und *N. nigriventris*, *N. bifasciatus* und *N. pectoralis* wurden erst in den letzten Jahren beschrieben.

✔ Kleinwüchsig sind auch einige *Telmatochromis*-Arten: *T. vittatus* und *T. bifrenatus* unterscheiden sich durch ihre langgestreckte Körperform und die Längsstreifen deutlich von den hochrückigeren *T. dhonti* und *T. temporalis*.

Haltung im Aquarium: Ihre Fische benötigen ausreichend Platz und ein ähnlich breites Spektrum an Felsenhöhlen wie im Tanganjikasee:

✔ Schichten Sie flache Steinplatten (z. B. aus Schiefer) so übereinander, daß unterschiedlich große Zwischenräume entstehen. Oder legen Sie eine große Steinplatte auf den Sandboden – sie wird dann von den Fischen unterhöhlt.

✔ Setzen Sie Gruppen von mindestens fünf Jungfischen ein. Pärchen können Sie später in ein Zuchtbecken umquartieren.

✔ In großen Aquarien können auch mehrere Paare zusammen gepflegt werden. Wählen Sie dazu aber möglichst unterschiedliche Arten und sorgen Sie für viele Versteckmöglichkeiten, damit die Aggressionen in Grenzen bleiben.

Ernährung: Die kleineren Höhlenbrüter können mit allen gängigen Trocken-, Frost- und Lebendfuttersorten (→ Seite 42) ernährt werden. Auch für sie sind Salinenkrebs-Nauplien besonders geeignet.

Fortpflanzung und Zucht: Die Geschlechter der Jungtiere können bei kleinen Höhlenbrütern kaum unterschieden werden. Ausgewachsen ist bei *Neolamprologus* und *Telmatochromis* das Männchen meist der größere Partner, und dominiert deutlich über das Weibchen. Bei vielen Arten entwickeln sich stärkere Bindungen zwischen den Geschlechtern, die aber auch leicht

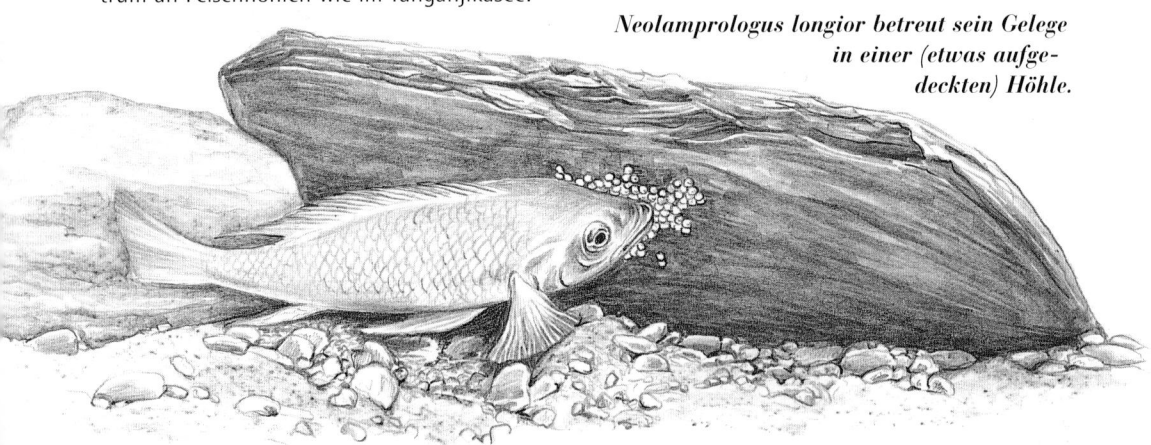

Neolamprologus longior betreut sein Gelege in einer (etwas aufgedeckten) Höhle.

Höhlenbrüter aus dem Tanganjikasee

Lateinischer Name	Größe* Männchen/ Weibchen	Verhältnis der Ge- schlechter*	Becken- größe**	Bevorzugter Höhlen- typ	Ähnlich zu pflegende Arten (Foto auf Seite)
Neolamprologus multifasciatus → Abb. Seite 16	4,5 cm/ 3 cm	1 M/2 W (Kolonie)	60 cm	Schnecken- haus	N. boulengeri (36), signa-tus (53) u. brevis (40); Lamprologus ocellatus (21) u. callipterus (17)
Telmatochromis burgeoni → Abb. Seite 61	7 cm	1 M/1 W	80 cm	Schnecken- haus	T. sp. ; Altolamprologus sp. »sumbu«
Julidochromis marlieri → Abb. Seite 20	15 cm	1 M/1 W (1 M/ 2 W)	80 cm	flache Höhle	Alle Julidochromis und Chalinochromis
Neolamprologus cylindricus → Abb. Seite 16	12 cm	1 M/1 W	80 cm	flache Höhle	N. buescheri (8) u. caudo-punctatus, Telmatochro-mis dhonti
Neolamprologus brichardi → Abb. Seite 17	10 cm	1 M/1 W (Kolonie)	80 cm	flache Höhle	N. gracilis u. pulcher
Neolamprologus longior → Abb. Seite 16	10 cm	1 M/1 W	80 cm	flache Höhle	N. leleupi, mustax (9) u. obscurus
Neolamprologus sexfasciatus → Abb. Seite 53	15 cm	1 M/ 1W	100 cm	weite Höhle	N. tretocephalus (17), N. furcifer (6) u. tetra-canthus (48)
Altolamprologus compressiceps → Abb. Seite 64	15 cm	1 M/1 W	100 cm	weite Höhle oder Schnecke	A. calvus (17); Neolamprologus fasciatus
Lepidiolamprologus kendalli → Abb. Seite 2	18 cm	1 M/ 1 W	100 cm	weite Höhle	andere Lepidiolamprologus

* Geschlechtsverhältnis: optimal und (maximal)
** minimale Beckengröße bei Alleinhaltung

in unvorhersehbare Streitereien umschlagen können. Meist werden die Eier an der Höhlendecke abgelegt und die Larven nur von den Weibchen betreut. Die Jungfische genießen nach dem Freischwimmen nur noch indirekt den Schutz der Eltern, indem sie sich in dem erbittert verteidigten Revier aufhalten dürfen. Dabei werden auch verschiedene Altersstufen nebeneinander geduldet (»Etagenzucht«). Ältere Jungfische helfen manchmal sogar bei der Betreuung der neuen Gelege (Bruthelfer), bis sie, ab einer bestimmten Größe, von den Eltern aus der unmittelbaren Umgebung verjagt werden. In größeren Aquarien können sich so aus einem Pärchen mehrere Kolonien entwickeln.

Schlankcichliden

Zur Gattung *Julidochromis* zählen die am längsten bekannten und populärsten Tanganjikasee-Cichliden. Zusammen mit der Gattung *Chalinochromis* werden sie wegen ihrer Körperform auch als Schlankcichliden bezeichnet. Auch sie bewohnen die Felsen- und Übergangszone.
✔ Die *Chalinochromis* und zwei der *Julidochromis*-Arten *(J. marlieri, J. regani)* werden größer als die übrigen Schlankcichliden *(J. ornatus, J. transcriptus, J. dickfeldi)*. Von allen *Julidochromis*-Arten gibt es Standortvarianten (z. B. *J. regani* »kipili«, *J. transcriptus* »gombi«).
✔ In der Gattung *Chalinochromis* sind bisher nur *C. brichardi* und *C. popelini* wissenschaftlich beschrieben worden. Die Jungfische von *C. brichardi* tragen bis zu einer Länge von 2,5 cm Längsstreifen, ebenso wie *C. sp.* »bifrenatus« und *C. sp.* »ndobhoi«.
Haltung im Aquarium und Ernährung: Wie die kleinen *Neolamprologus*-Arten.

Fortpflanzung und Zucht: Bei *Chalinochromis* ist das Männchen meist der größere Partner, bei den *Julidochromis* ist es oft umgekehrt. Der Zusammenhalt eines Paares wird entscheidend vom gemeinsam bewohnten Revier bestimmt. Veränderungen an der Einrichtung – manchmal auch nur ein Wasserwechsel – können zum Bruch führen. Die Pärchen betreuen die an Wand oder Decke geklebten Larven gemeinsam.

Größere Höhlenbrüter

Altolamprologus-, Lepidiolamprologus- und größere *Neolamprologus*-Arten weichen in ihren Ansprüchen deutlich von denen der kleineren Höhlenbrüter ab. Wegen ihrer Größe benötigen sie geräumigere Aquarien und kräftigeres Futter – einige sind Fischräuber. Auch im Verhalten unterscheiden sie sich von ihren kleineren Verwandten. Viele Arten laichen nicht mehr in engen Höhlen, sondern an den Wänden größerer Hohlräume oder an Felsspalten ab. Aussehen und Größe der hier zusammengefaßten Buntbarsche sind sehr unterschiedlich:
✔ *Altolamprologus calvus* und *A. compressiceps*, die am häufigsten gepflegten Arten, sind sehr hochrückig und dazu – ebenso wie *Neolamprogus fasciatus* – seitlich abgeflacht. Deutlich robuster wirken *N. sexfasciatus* (→ Seite 53), *N. tretocephalus* (→ Seite 17) und *N. pleuromaculatus*. Alle diese Arten werden etwa 15 cm lang.

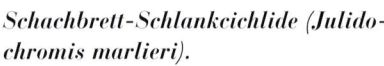

Schachbrett-Schlankcichlide (Julidochromis marlieri).

✔ *N. tetracanthus* (→ Seite 48), *N. lemairii* und die meisten *Lepidiolamprologus*-Arten werden noch größer (bis 30 cm) und sind Fischräuber. *Lepidiolamprologus attenuatus, L. nkambae, L. elongatus* und *L. kendalli* sind zwar attraktiv gefärbt, werden aber nur gelegentlich in Aquarien gehalten.

Haltung im Aquarium: Größere Höhlenbrüter benötigen Becken ab 120 cm Länge und geräumige Felsenhöhlen. Aus einer kleinen Gruppe von Jungfischen können sich Pärchen finden, die zur Zucht in ein separates Aquarium (ab 80 cm) umgesetzt werden. Beachten Sie, daß zu kleine Mitbewohner gefressen werden könnten.

Ernährung: Jungfische können wie kleinere Höhlenbrüter ernährt werden. Ältere Exemplare

Lamprologus ocellatus, der beliebteste der Schneckenbuntbarsche, hält sich fast ständig in der Nähe seines Schneckenhauses auf.

dagegen, vor allem *N. lemairii* und *Lepidiolamprologus*, benötigen kräftiges Futter wie Muschel- und Fischfleisch oder Garnelen.

Fortpflanzung und Zucht: Die Nachzucht großer Höhlenbrüter kann schwierig sein. *Altolamprologus* laichen gern in Schneckenhäusern ab, die so groß sind, daß die Weibchen hinein schwimmen können. *N. pleuromaculatus* und *L. attenuatus* benutzen dazu auch kleinere Gehäuse. Ansonsten werden die Eier meist an Höhlenwänden oder in Spalten abgelegt.

Maulbrüter

Etwa zwei Drittel der Tanganjikasee-Cichliden werden von den Maulbrütern gestellt. Eine Reihe dieser Arten sind für die Aquarienhaltung kaum geeignet, wie z. B. die sogenannten Schuppenfresser der Gattungen *Perissodus* und *Plecodus* oder größere Fischräuber wie *Bathybates* oder *Haplotaxodon*. *Reganochromis*, *Triglachromis* oder *Gnathochromis* sind farblich wenig attraktiv und werden deshalb nur selten in Aquarien gepflegt. Doch die meisten der Maulbrüterarten sind farbenprächtige, interessante und deshalb auch sehr beliebte Aquarienfische. Sie leben bevorzugt in der Felsenzone, nur wenige Arten sind auf die Sandzone oder das offene Wasser spezialisiert.

Da die meisten Maulbrüterarten keine Paarbindung eingehen, ist es ratsam, immer mehrere Weibchen mit einem Männchen zusammen zu halten. Nur bei den wenigen paarbildenden Spezies (siehe unten) sollte das Geschlechterverhältnis ausgeglichen sein.

Weißpunkt-Brabantbuntbarsche (Tropheus duboisi) sehen ausgewachsen nicht mehr so attraktiv aus wie als Jungfische.

Tropheus und andere Aufwuchsfresser

✔ Die bekanntesten und attraktivsten Cichliden aus dem Tanganjikasee sind *Tropheus moorii* und *T. duboisi*. Sie erreichen Längen von 12 bis 15 cm. *T. moorii* kommt in extrem vielen Standort- und Farbvarianten vor.

✔ Ähnlich, aber nicht so farbenprächtig sind die *Simochromis* und *Pseudosimochromis*.

✔ Etwas für Spezialisten ist die größer werdende, sehr aggressive Gattung *Petrochromis*.

Haltung im Aquarium: Entsprechend den natürlichen Verhältnissen im Tanganjikasee sollte das Aquarium eine größere Sandfläche im Vordergrund und Steinaufbauten (→ Seite 36) im rückwärtigen Bereich aufweisen.

Ernährung: Futter für Aufwuchsfresser muß viele Ballaststoffe enthalten. Nährstoffreiche Sorten dürfen höchstens in kleinen Mengen gegeben werden. Als Hauptnahrung am besten geeignet ist Trockenfutter, das viel Pflanzenmaterial enthält. Eine gute Ergänzung dazu sind gefrorene *Mysis* und große Salinenkrebse (→ Seite 42).

Fortpflanzung und Zucht: Alle Aufwuchsfresser sind Maulbrüter im mütterlichen Geschlecht. Die Weibchen dürfen nicht für längere Zeit aus dem Aquarium entfernt werden, da sie sonst beim Wiedereinsetzen von ihren Artgenossen erbittert bekämpft werden. Die Zahl der Eier liegt meist zwischen 2 und 20.

Grundelbuntbarsche

Diese wegen ihrer ruckartigen Schwimmweise Tanganjika-Clowns genannten Buntbarsche *(Eretmodus cyanostictus)* haben sich auf ein Leben am Boden spezialisiert. Da sich deshalb ihre Schwimmblase zurückgebildet hat, wirken sie im freien Wasser unbeholfen.

Haltung im Aquarium und Ernährung: Wie bei den Aufwuchsfressern (siehe links).

Fortpflanzung und Zucht: Grundelbuntbarsche bilden Paare, die sich bei der Maulbrutpflege ablösen.

Cyphotilapia frontosa

Die Beulenkopfcichliden (→ Seite 24), die in zwei Farbvarianten (unterschiedliche Zahl von Seitenstreifen) vorkommen, sind in jeder Hinsicht eine Klasse für sich.

Haltung im Aquarium: Auch wenn sie nicht besonders schwimmfreudig ist, benötigt die Art

TIP

Gesunde Fische

✔ Kaufen Sie Buntbarsche nur aus zuverlässigen Quellen (→ TIP, Seite 15). Nehmen Sie nach Möglichkeit einen erfahrenen Aquarianer mit, der Ihnen hilft, die Qualität der angebotenen Fische zu beurteilen.

✔ Gesunde Buntbarsche sind wohlgenährt, ohne einen dicken Bauch zu haben. Sie sind schwimmfreudig und fressen gierig.

✔ Kaufen Sie keine Tiere mit Schäden an Haut oder Flossen und mit Mißbildungen an Kopf, Wirbelsäule oder Flossen.

✔ Tanganjikasee-Cichliden, bei denen der Kot lange, schleimige Fäden zieht, die nicht abreißen, haben Darmparasiten.

✔ Kaufen Sie nie aus einem Sammel-Aquarium, in dem kranke Fische sind.

schon wegen ihrer Größe ein Aquarium von mindestens 130 cm Länge. Mit Hilfe von Steinaufbauten (→ Seite 36) sollten Sie Verstecke schaffen, in die das Weibchen hineinpaßt, nicht aber das etwas größere Männchen.

Ernährung: *C. frontosa* werden bis zu 35 cm lang und benötigen kräftige Nahrung wie Garnelen oder Muschelfleisch. Sie können auch gut an Futtertabletten gewöhnt werden. Wegen ihrer Behäbigkeit stellen sie tagsüber kaum eine Gefahr für kleinere Aquarienbewohner dar, können sich gegen die Konkurrenz gieriger und schnell fressender Buntbarscharten aber nur schlecht behaupten. Füttern Sie dann gezielt.

IM PORTRÄT:
MAULBRÜTER

Bei vielen Maulbrütern sind kaum Unterschiede zwischen Männchen und Weibchen zu erkennen. Nur bei manchen Arten sind die Männchen deutlich farbenprächtiger als die Weibchen.

Foto oben: Weibchen von Cyphotilapia frontosa, einem der größten Tanganjikasee-Buntbarsche.

Foto oben: Männchen von Paracyprichromis nigripinnis »Blue Neon« kommen in nicht zu hellen Aquarien am besten zur Geltung.

Foto oben: Tropheus moorii »Red Rainbow«, der Rote Regenbogen-Moorii, ist die wohl begehrteste Tropheus-Variante.

Foto oben: Von Kärpflingscichliden (hier: Cyprichromis leptosoma) gibt es viele prachtvolle Farbvarianten.

Foto oben: *Callochromis pleurospilus* sind Sandcichliden mit robustem Verhalten.

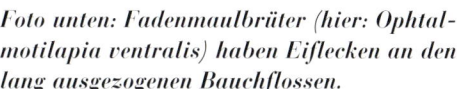

Foto unten: Fadenmaulbrüter (hier: Ophtalmotilapia ventralis) haben Eiflecken an den lang ausgezogenen Bauchflossen.

Foto oben: Die Körperbinde von *Tropheus duboisi* kann weiß oder gelblich (Variante »Maswa«) sein.

Foto oben: Enantiopus melanogenys zeigen ihre Prachtfärbung vor allem bei der Balz und beim Imponieren.

Foto links: Xenotilapia flavipinnis zählt zu den eher zartbesaiteten unter den Sandcichliden.

Cyphotilapia frontosa

<u>Fortpflanzung und Zucht:</u> *C. frontosa* vermehren sich ab einem Alter von 2 bis 3 Jahren relativ leicht im Aquarium und werden häufig gezüchtet. Sie bilden keine Paare. Die Weibchen tragen 10 bis 30 Eier und später die Larven bis zu 45 Tage lang im Maul. Auch nach dem Freischwimmen schützen sie ihren Nachwuchs bei Gefahr noch einige Zeit.

Fadenmaulbrüter

Buntbarsche aus den Gattungen *Ophtalmotilapia, Cunningtonia, Cyathopharynx* und *Aulonocranus* werden wegen ihrer lang ausgezogenen Bauchflossen als Fadenmaulbrüter bezeichnet. Sie bewohnen die Übergangszone zwischen Sand und Felsen. Die Männchen werden bis zu 15 cm groß, nur bei *Aulonocranus* bleiben sie etwas kleiner und sind weniger farbenprächtig.

<u>Haltung im Aquarium:</u> Ein Aquarium für Fadenmaulbrüter sollte besonders groß sein (ab 150 cm), da die Fische sehr schwimmfreudig sind und ausgedehnte Reviere beanspruchen. Verdecken Sie die Rückwand des Beckens möglichst ganz mit Steinaufbauten (→ Seite 36) und bringen Sie eine mindestens 8 cm dicke Sandschicht ein.

<u>Ernährung:</u> Ebenso wie die Aufwuchsfresser ernähren sich Fadenmaulbrüter vor allem von Algen. Im Aquarium sind Trockenfutter mit einem hohen pflanzlichen Anteil (→ Seite 42) sowie als Ergänzung dazu tiefgefrorene Salinenkrebse ideal. Geben Sie nährstoffreiches Futter nur in kleinen Portionen.

<u>Fortpflanzung und Zucht:</u> Alle Gattungen dieser Gruppe sind Maulbrüter im mütterlichen Geschlecht ohne Paarbindung. Ihre Zucht gelingt nur unter optimalen Bedingungen. Die Weibchen legen ihre 10 bis 60 Eier in flache Gruben, die die Männchen in den Untergrund graben oder auf geeigneten Felsvorsprüngen aus eigens dorthin transportiertem Sand bauen. Die auffälligen Flecken an den verlängerten Bauchflossenspitzen der Männchen sind Eiattrappen, nach denen die Weibchen schnappen. Dabei werden die Eier in ihrem Maul befruchtet.

Sandcichliden

Unter den Sandcichliden finden sich zwei deutlich unterscheidbare Gruppen.

✔ Die *Xenotilapia*- und *Enantiopus*-Arten sind überwiegend dezent gefärbte, zart wirkende Buntbarsche. Sie werden zwischen 8 *(X. flavipinnis)* und 16 cm lang *(X. sima)* und leben gesellig. Da sie empfindlich und wenig durchsetzungskräftig sind, sollten sie nicht mit aggressiven Arten vergesellschaftet werden.

✔ Im Gegensatz dazu sind die in mehreren Standortvarianten vorkommenden *Callochromis*-Arten nicht nur etwas farbenprächtiger, sondern auch oft aggressiv.

Weibchen von Cyphotilapia frontosa, dessen Maul mit Eiern oder Larven randvoll ist.

Maulbrüter aus dem Tanganjikasee

Lateinischer Name	Größe Männchen/ Weibchen	Verhältnis der Ge- schlechter*	Becken- größe**	Bevorzugter Aufent- haltsort	Ähnlich zu pflegende Arten (Foto auf Seite)
Cyphotilapia frontosa → Abb. Seite 24	35 cm/ 25 cm	1 M/3 W (1 M/4–6 W)	130 cm	Felsen	
Tropheus moorii → Abb. Seite 24 u. 29	12 cm	1 M/3 W (1 M/4–6 W)	120 cm	Felsen	Farb- u. Standortvarianten
Tropheus duboisi- »Maswa« → Abb. Seite 1 u. 25	12 cm	1 M/3 W (1 M/1 W)	120 cm	Felsen	T. brichardi u. polli Simochromis u. Petrochromis
Eretmodus cyanostictus → Abb. Seite 44	10 cm	1 M/1 W	100 cm	Felsen	Tanganicodus irsacae; Spathodus erythrondon
Cyprichromis leptosoma → Abb. Seite 24	12 cm	1 M/3–6W	80 cm	freies Wasser	C. microlepidotus; Paracyprichromis nigripinnis (24)
Callochromis pleurospilus → Abb. Seite 25	14 cm	1 M/3 W (1M/4–6 W)	100 cm	Sand u. Felsen	C. macrops u. melanostigma
Xenotilapia flavipinnis → Abb. Seite 25	10 cm	1 M/1W	100 cm	Sand	X. spilopterus, boulengeri u. papilio
Enantiopus melanogenys → Abb. Seite 25	15 cm	1 M/3 W (1 M/4–6 W)	100 cm	Sand	Xenotilapia; ochrogenys »ndole« u. X. sima (56)
Ophtalmotilapia ventralis → Abb. Seite 25	15 cm	1 M/3 W (1 M/4–6 W)	120 cm	Sand u. Felsen	Ophtalmotilapia: Cyatho- pharynx furcifer

* Geschlechtsverhältnis: optimal und (maximal)
** minimale Beckengroße bei Allcinhaltung

C. macrops und *C. melanostigma* (beide bis
15 cm) und *C. pleurospilus* (11 cm) zeigen sehr
robuste Verhaltensweisen, vor allem Männchen.
✔ Ausnahmen in dieser Unterteilung der Sandcichliden bilden nur einzelne *Xenotilapia*-Arten
(z. B. *X. spilopterus)* und *Asprotilapia leptura*,
die felsige Lebensbereiche bevorzugen.
Haltung im Aquarium: Bei der Einrichtung eine
große freie Sandfläche vorsehen. Einzelne, darauf verstreute Steine erleichtern den Fischen
die Markierung ihrer Reviergrenzen. Ein Stein-
aufbau vor der Rückwand ist nur für die in der
Felsenzone lebenden Arten notwendig.
Ernährung: Sandcichliden sind Kleintierfresser.
Im Aquarium können sie mit Flocken-, Frost-
oder Lebendfutter ernährt werden.

*Weibchen von Cyphotilapia frontosa, das bei
Gefahr seine Jungfische ins schützende Maul
aufnimmt.*

Fortpflanzung und Zucht: Das Fortpflanzungs-
verhalten der Sandcichliden ist vielfältig:
✔ *Enantiopus melanogenys* und einige *Xenotilapia*-Arten wie *X. ochrogenys* sind Maulbrüter
im weiblichen Geschlecht und bilden keine Paare. Die deutlich lebhafter gefärbten Männchen
graben eine flache Laichgrube im Sand. *X. ochrogenys* »Ndole« baut um diese Grube herum
sogar noch Türmchen (→ Seite 50).
✔ *X. flavipinnis, X. spilopterus, X. papilio* und
X. boulengeri gehen längere Paarbindungen ein.

Das Weibchen übergibt die Larven nach etwa der Hälfte der Brutzeit an das Männchen.

✔ Auch *Callochromis*-Arten sind Maulbrüter im weiblichen Geschlecht, die keine Paare bilden. Ein Männchen sollte immer mit mehreren Weibchen zusammen gepflegt werden, in einem mindestens 150 cm langen Aquarium mit vielen Reviermarkierungen und Verstecken. Die Männchen graben zur Laichzeit eine oder mehrere Laichkuhlen von etwa 10 cm Durchmesser.

Kärpflingscichliden

Die Arten aus den Gattungen *Cyprichromis* und *Paracyprichromis* sind in mehrfacher Hinsicht etwas Besonderes. Im Tanganjikasee schwimmen sie im offenen Wasser und bilden nicht selten Schwärme von mehreren tausend Individuen. Ungewöhnlich ist auch, daß in solchen Schwärmen verschiedene Arten vorkommen können. Ihren Namen verdanken die Kärpflingscichliden ihrer besonders schlanken, grazilen Körperform. Die Männchen sind deutlich prächtiger gefärbt als die Weibchen.

Haltung im Aquarium: Als Arten des offenen Wassers fügen sich Kärpflingscichliden besonders gut in Gesellschaften (→ Seite 30) mit friedlichen boden- oder felsenbewohnenden Buntbarscharten ein. Die Beckenlänge sollte 120 cm nicht unterschreiten. Pflegen Sie diese Schwarmfische nur in Gruppen von mindestens 5 bis 7 Tieren. Da Kärpflingscichliden insgesamt empfindlicher als die meisten an-

deren Tanganjikasee-Cichliden sind, sollten Sie besonders regelmäßige Wasserwechsel durchführen.

Ernährung: Kärpflingscichliden sind Planktonfresser. Im Aquarium können sie mit Cyclops, Wasserflöhen und Salinenkrebs-Nauplien (→ Seite 44), aber auch mit tiefgefrorenen Salinenkrebsen und als Ergänzung dazu mit Trockenfutter ernährt werden. Füttern Sie diese Fische besonders regelmäßig und nur mit Futter bester Qualität.

Fortpflanzung und Zucht: Nur wenn Sie Kärpflingscichliden in einer größeren Gruppe halten, Wasser und Fütterung optimal sind, und von den Mitbewohnern des Aquariums keine Aggressionen ausgehen, können Sie auf eine erfolgreiche Zucht hoffen. *Cyprichromis leptosoma* und *C. microlepidotus* laichen im freien Wasser ab, *Paracyprichromis brieni*, *P. nigripinnis* und *C. pavo* suchen dazu ein Substrat, z. B. schrägstehende Steinplatten, auf. Alle Arten legen nur etwa 5 bis 20 Eier ab. Nach ungefähr vier Wochen entlassen die Weibchen die Jungfische an einer besonders ruhigen Stelle. Nur bei Streß behalten sie ihren Nachwuchs noch längere Zeit im Maul, was sowohl der Mutter als auch dem Nachwuchs schadet.

Brabantbuntbarsch (Tropheus moorii) in der Farbform, die als erste unter Aquarianern bekannt wurde.

Richtig vergesellschaften

Tanganjikasee-Cichliden lassen sich am besten miteinander vergesellschaften. Eine Pflege zusammen mit anderen Buntbarschen, z. B. aus dem Malawisee, oder in einem normalen Gesellschaftsaquarium bringt oft Probleme mit sich. Sie ist nur wenig empfehlenswert. Vergesellschaften Sie grundsätzlich Höhlenbrüter und Maulbrüter miteinander. Auch wenn Sie den Schwerpunkt auf eine dieser beiden Gruppen legen, sollte die andere immer zumindest auch vertreten sein. Wählen Sie Ihre Buntbarscharten so aus, daß jeder Lebensbereich des Aquariums – die Sandzone, die Steinaufbauten und das freie Wasser – mit je einem Paar oder einer Gruppe, bei größeren Aquarien auch mit mehreren Paaren oder Gruppen, besetzt ist. Beachten Sie dabei, daß die Vergesellschaftung bestimmter Arten besondere Sorgfalt bei der Fütterung erfordern kann (→ Seite 43) und daß bei sehr ähnlichen Arten immer die Gefahr unerwünschter Kreuzungen besteht.

Die Größe des Beckens ist ein entscheidender Faktor für die Möglichkeiten, die Ihnen bei der Vergesellschaftung zur Verfügung stehen:

✔ In einem kleinen Becken (100 cm) können Sie eine Gruppe Maulbrüter (1 Männchen/2–3 Weibchen) mit zwei verschiedenen Pärchen kleinerer Höhlenbrüter vergesellschaften.

✔ Ist das Aquarium aber 150 cm lang, so haben Sie die Wahl zwischen einer wesentlich größeren Anzahl von Individuen derselben Arten (z. B. Maulbrüter: 2 Männchen/6–10 Weibchen; Höhlenbrüter: je 2–3 Pärchen) oder einer größeren Vielfalt von Arten (z. B. 2 Gruppen Maulbrüter zu je 1 Männchen mit 2–3 Weibchen und 3–4 Pärchen Höhlenbrüter).

✔ Wenn Sie ein noch größeres Aquarium besitzen, so können Sie diese Zahlen selbstverständlich weiter hochrechnen.

Beispielhafte Vergesellschaftungen

Die folgenden Zusammenstellungen sollen Ihnen Anregungen für den Besatz verschieden großer Gesellschaftsaquarien geben.

Kleineres Aquarium (100 bis 120 cm):

✔ Maulbrüter: 1 Gruppe (1 Männchen/3–4 Weibchen) *Xenotilapia* oder *Callochromis pleurospilus* oder *Tropheus* oder *Ophtalmotilapia*; dazu 1 Gruppe (1 Männchen/5 Weibchen) Kärpflingscichliden.

✔ Höhlenbrüter: 1 Paar *Julidochromis* oder *Chalinochromis* oder *Telmatochromis*; dazu 1 Paar *Neolamprologus* oder Schneckenbuntbarsche (letzteres nur zusammen mit *Tropheus* oder *Ophtalmotilapia*).

Mittelgroßes Aquarium (120 bis 150 cm)

✔ Maulbrüter: 1 Gruppe (1 Männchen/5–8 Weibchen) *Xenotilapia* oder *Callochromis* oder *Tropheus* oder *Ophtalmotilapia* oder 1 Gruppe (1 Männchen/3 Weibchen) *Cyphotilapia frontosa*; dazu 1 Paar Grundelbuntbarsche und 1 Gruppe Kärpflingscichliden (bis zu 3 Männchen/8 Weibchen).

✔ Höhlenbrüter: 1 Paar *Julidochromis* und 1 Paar *Neolamprologus* und 1 Paar Schneckenbuntbarsche.

Großes Aquarium (über 150 cm)

✔ Maulbrüter: Je 1 Gruppe (1 Männchen/5–8 Weibchen) *Xenotilapia* (oder *Callochromis)* und *Tropheus* und *Ophtalmotilapia*; eventuell auch 1 Gruppe (1/3) *Cyphotilapia frontosa*; dazu 1 Paar Grundelbuntbarsche und 1 Gruppe (bis zu 3 Weibchen/8 Männchen) Kärpflingscichliden.

✔ Höhlenbrüter: Mehrere Paare aus den Gattungen *Julidochromis, Chalinochromis, Telmatochromis* und *Neolamprologus* und 1 Paar Schneckenbuntbarsche.

Sämtliche Zahlen gelten für ausgewachsene Fische im Tanganjikasee-Aquarium. Wenn Sie mit Jungfischen beginnen, sollten Sie anfangs pro Art zwei Exemplare mehr rechnen.

10 Goldene Regeln
für die richtige Vergesellschaftung

1 In Aquarien unter 1 m Länge sollten Sie nur eine Art, oft sogar nur ein Pärchen von Tanganjika-Buntbarschen pflegen.

2 Vergesellschaften Sie Arten miteinander, die verschiedene Ansprüche an ihren Lebensraum stellen und sich deshalb vorzugsweise in unterschiedlichen Bereichen des Aquariums aufhalten.

3 Maulbrüter und Höhlenbrüter können gut miteinander vergesellschaftet werden, da sie unterschiedliche Ablaichplätze bevorzugen.

4 Richten Sie das Aquarium so ein, daß für jede Art mindestens ein geeigneter Versteck- und Ablaichplatz vorhanden ist. Oft sind diese beiden Bereiche identisch.

5 Bringen Sie empfindliche oder ruhebedürftige Arten nicht mit unruhigen oder sehr robusten Fischen zusammen.

6 Halten sie große Räuber nicht zusammen mit kleinen Arten.

7 Vergesellschaften Sie niemals Standort- oder Farbvarianten derselben Art oder nahe verwandte Arten miteinander.

8 Pflegen Sie nur Arten in einem Becken, die mit den gleichen Futtersorten ernährt werden können.

9 Grundelbuntbarsche (→ Seite 23), Schneckenbuntbarsche (→ Seite 14) und Kärpflingscichliden (→ Seite 29) sind für fast jedes Tanganjikasee-Gesellschaftsaquarium eine Bereicherung.

10 Seien Sie wachsam, wenn Sie neue Gesellschaften ausprobieren: Trennen Sie Fische, die nicht miteinander harmonieren.

DAS AQUARIUM IM ALLTAG

Mit einem Tanganjikasee-Aquarium holen Sie einen faszinierenden Ausschnitt aus der Unterwasserwelt des schwarzen Kontinents zu sich nach Hause. Bieten Sie den Fischen, die Sie pflegen wollen, naturnahe Lebensbedingungen in einem optimal eingerichteten Becken.

Das Aquarium für Ihre Fische

<u>Becken:</u> Auf die Wasserdichtigkeit moderner, mit Silikonkautschuk geklebter Aquarien geben Hersteller bis zu drei Jahre Garantie. Zur Pflege einer Gesellschaft von Tanganjikasee-Cichliden sollte ein Becken mindestens die Abmessungen 100 x 50 x 50 cm haben, damit die Fische ihr natürliches Verhalten entfalten können. Wegen des hohen Gewichts der nötigen Steinaufbauten ist es ratsam, immer die dickste im Handel angebotene Glasstärke zu wählen. Sie sollte nicht weniger als 8 mm betragen – bei Becken ab 120 cm Länge mindestens 10 mm. Kleinere Aquarien (ab 60 cm Länge) sind für Tanganjikasee-Cichliden nur als Zuchtbecken für einzelne Pärchen (→ Seite 58) oder zur Pflege von Schneckenbuntbarschen (→ Seite 14) geeignet. Generell gilt: Je größer Sie Ihr Aquarium wählen, desto mehr Freude werden Sie an Ihren Fischen haben und desto problemloser werden die Pflegemaßnahmen durchzuführen sein.

<u>Der richtige Standort:</u> Schon ein relativ kleines Tanganjikasee-Aquarium mit den Maßen 100 x 50 x 50 cm wiegt etwa 250 kg. Das Untergestell und der Boden, auf dem es steht, müssen deshalb außerordentlich stabil sein. Lassen Sie in Zweifelsfällen die Tragfähigkeit Ihres Unterbodens überprüfen. Die Anschlüsse für Strom und für Wasser sollten in Reichweite liegen.

<u>Sicherheitsmaßnahmen:</u> Wasser und Elektrizität ist eine lebensgefährliche Kombination. Verwenden Sie an Ihrem Aquarium nur Geräte (→ PRAXIS Einrichtung, Seite 34), die das gültige VDE- oder TÜV-Zeichen tragen (→ Wichtiger Hinweis, Seite 63). Mit einer schaltbaren Steckdosenleiste können Sie die gesamte Stromzufuhr unterbrechen, während Sie am Aquarium hantieren. Am sichersten fahren Sie mit der Installation eines Fehlerstromschutzschalters.

<u>Versicherungen:</u> Als Mitglied eines Aquarienvereins, der dem VDA angeschlossen ist, sind Sie gegen Fremdschäden versichert. Inwieweit Fremd- und Eigenschäden durch auslaufendes Aquarienwasser von Ihrer Hausratversicherung gedeckt werden, sollten Sie abklären.

Neolamprologus longior (oben) und der Schneckenbuntbarsch Lamprologus ocellatus (unten) leben meist in Eintracht miteinander.

Flache Höhlen sind Versteck- und Ablaichplätze für kleinere Neolamprologus-Arten und Schlankcichliden.

Das Aquarium einrichten

✔ Stellen Sie das Becken auf eine passende, mindestens 1 cm dicke Styroporplatte.

In einem Tanganjikasee-Aquarium sollten die natürlichen Lebensräume nachgestaltet werden.

✔ Befestigen Sie eine Innendekor-Rückwand aus dem Fachhandel im Aquarium oder bringen Sie außen eine dunkle Rückwand an.

✔ Arrangieren Sie die Steine für die Aufbauten (→ Seite 36) einsturzsicher auf einer auf den Aquariumboden gelegten Styropor-Unterlage.

✔ Spülen Sie feinen Sand in einem Eimer, bis das Wasser klar bleibt. »Impfen« Sie ihn dann mit ein paar Handvoll Bodengrund aus einem besetzten Aquarium an und füllen Sie ihn (5 cm vorne bis 10 cm hinten ansteigend) in das Becken.

✔ Befestigen Sie den Regelheizer in einer hinteren Aquarienecke oder im eingeklebten Innenfilter (→ Seite 39).

✔ Installieren Sie einen eventuellen Motor-Innenfilter oder füllen Sie den eingeklebten Innenfilter mit Filtermaterial und befestigen Sie die dazu gehörige Filterpumpe in der Klarwasserkammer. »Impfen«

Steinaufbauten dürfen in keinem Tanganjikasee-Aquarium fehlen.

Pflanzen aufbinden

Auch wenn sie in einem Tanganjikasee-Aquarium nicht erforderlich sind, Pflanzen wirken als attraktiver Kontrast zu den Steinaufbauten und können als Sichtschutz und Reviergrenzen dienen. Aber nur in einem ausschließlich mit Höhlenbrütern besetzten Becken wird sich der Bewuchs auch gut halten können. Aufsitzerpflanzen wie Javafarn und Speerblatt binden Sie am besten mit Angelschnur oder Baumwollzwirn auf Steine auf. Beide Arten kommen mit den harten, alkalischen Wasserbedingungen im Tanganjikasee-Aquarium zurecht.

Sie mit Filtermaterial aus einem besetzten Aquarium an.
✔ Füllen Sie das Becken bis auf halbe Höhe mit Wasser.
✔ Arrangieren Sie die Pflanzen und füllen Sie dann vorsichtig das restliche Wasser auf.

✔ Nehmen Sie die elektrischen Geräte nach Vorschrift (→ Seite 33) in Betrieb. Das Licht sollte, durch eine Schaltuhr gesteuert, pro Tag etwa 10 bis 12 Stunden brennen.

Die Fische einsetzen

Nur wenn Sie sowohl Bodengrund als auch Filtermaterial angeimpft haben, können Sie schon 5 Tage nach der Einrichtung Ihre Fische einsetzen.
✔ Legen Sie die noch verschlossenen Plastiktüten mit den Fischen bei ausgeschalteter Beleuchtung zum Temperaturausgleich ins Aquarium.
✔ Öffnen Sie die Tüten nach etwa 15 Minuten und mischen Sie das Transportwasser zu gleichen Teilen mit Aquarienwasser.
✔ Entlassen Sie die Fische nach weiteren 15 Minuten in ihr neues Reich.

Regelmäßige Pflege

✔ Wechseln Sie regelmäßig das Wasser (→ Seite 39).
✔ Waschen Sie den Vorfilter wöchentlich aus. Das eigentliche Filtermaterial muß nur in größeren Zeitabständen gereinigt werden (→ Seite 39).
✔ Saugen Sie Mulm vom Aquariumboden und aus der Klarwasserkammer ab.

Einrichtung und Dekoration

Ein Aquarium für Tanganjikasee-Cichliden richtig zu dekorieren, heißt vor allem Steinaufbauten so einzubringen, daß sie für die Fische eine möglichst naturnahe Umgebung darstellen.

Der Aquarientyp

Für die Pflege von Tanganjikasee-Cichliden sollte ein Aquarium immer sowohl Steinaufbauten, als auch eine freie Sandfläche aufweisen. Aber je nachdem, wie viele Steine Sie einbringen und wie Sie diese anordnen, kann der Grundcharakter des Aquariums sehr verschiedenartig sein. Für Sandcichliden (→ Seite 26) oder Schneckenbuntbarsche (→ Seite 14) sollten Sie die Sandfläche sehr groß halten und nur im Hintergrund dekorative Steinaufbauten arrangieren. Andere Höhlenbrüter und Maulbrüter benötigen dagegen erheblich mehr und höhere Steinaufbauten, die sich nicht nur auf den Hintergrund beschränken dürfen. Für diese Fische sind sie als Verstecke, Bruthöhlen oder Reviergrenzen unentbehrlich.

Steinaufbauten aufschichten

Da Steine naturgemäß sehr schwer sind, werden Sie bei der Gestaltung von Tanganjikasee-Aquarien meist Kompromisse eingehen müssen. Möglichst hohe und stark gegliederte Aufbauten bieten den Fischen zwar viele Versteckmöglichkeiten und sehen besonders dekorativ aus, sie belasten aber auch die Bodenscheibe des Beckens extrem. Bei »steinreichen« Aquarieneinrichtungen sind deshalb Sonderanfertigungen mit einer verstärkten Bodenscheibe sehr zu empfehlen.

Steinplatten aus Schiefer, eignen sich besonders zum Aufbau von Höhlenkomplexen in Höhlenbrüter-Aquarien. Sie können mit kleinen Zwischenlagen so aufeinander geschichtet werden, daß sehr flache, breite Hohlräume entstehen. Platten aus anderen Gesteinsarten ergeben etwas höhere, offenere Höhlen.

Generell gilt: Oben und unten abgeflachte Steine lassen sich sicherer aufeinander schichten als abgerundete. Verwenden Sie besonders für hohe Aufbauten deshalb möglichst eckige Gesteinsbrocken und stapeln Sie sie vorsichtig, an die Rückwand gelehnt, übereinander. Denken Sie dabei immer an das Gewicht, mit dem die Steine das Aquarium belasten! Besonders große Steinplatten können auch aufrecht an die Rück- oder Seitenwand gelehnt werden.

Kalk-Lochgestein und Lavasteine lassen sich wegen ihrer rauhen Oberfläche besonders gut zu stand- und rutschfesten Konstruktionen arrangieren. Kalkgestein kann zudem die Wasserwerte positiv beeinflussen, und Lavastein ist vergleichsweise leicht. Beide haben aber einen entscheidenden Nachteil: Aufgeschreckte Fische können sich an den scharfen Oberflächenstrukturen leicht verletzen.

Kunststoffsteine aus dem Zoofachhandel sind zwar eine leichtgewichtige Alternative, sie sehen aber nicht gerade natürlich aus.

Schneckenbuntbarsch der Art Neolamprologus boulengeri.

Hinweis: Manche Gesteinsarten enthalten gifti-
ge Metalleinschlüsse, die Fische schädigen können. Meiden Sie deshalb auf jeden Fall alle Ge-
steine, bei denen Sie einen bunten Metall-
schimmer bemerken.

Reviergrenzen schaffen
Neben den vor allem im Hintergrund aufge-
schichteten Felsaufbauten sollte Sie immer
auch im mittleren und vorderen Bereich einzelne größere Steine einbringen. Sie dienen den
Fischen als Reviergrenzen. Ansammlungen von
hühnerei- bis faustgroßen Brocken im Sandbereich des Aquariums wirken nicht nur sehr dekorativ, sie bieten Jungfischen auch eine Zu-
fluchtsstätte vor ihren gefräßigen Verwandten.

*»Prinzessin von Burundi« (Neolamprologus
brichardi) und Schachbrett-Schlankcichliden
(Julidochromis marliert).*

Höhlen anlegen
Bieten Sie Ihren Höhlenbrütern Steinaufbauten
mit reichlich Versteckmöglichkeiten unter-
schiedlicher Art und Größe an. Wenn die Fische
genau die Höhle wählen können, die ihnen am
meisten zusagt, fühlen sie sich nicht nur woh-
ler, sie pflanzen sich auch williger fort. Viele
kleinere Cichlidenarten graben gerne Höhlen
unter flachen, direkt auf dem Sand liegenden
Steinplatten. Schneckenhäuser als Bruthöhlen
legen Sie einfach im Sandbereich ab.

Wasser und Wasserpflege

Die Wasserwerte im Tanganjikasee schwanken nur wenig, und auch die Unterschiede zwischen verschiedenen Bereichen des Sees sind gering. In vielen Gegenden fließt Wasser mit passendem pH-Wert und Härtegrad direkt aus der Leitung. Der Aufwand für die Wasserpflege hält sich daher meist in Grenzen.

Temperatur
Die Wassertemperatur im Tanganjikasee bewegt sich zwischen 24 und 27 °C. Im Aquarium bieten Sie Ihren Pfleglingen naturnahe Bedingungen, wenn sie Werte um 26 °C einhalten.

Der Säuregrad (pH-Wert)
Den Säuregrad oder pH-Wert Ihres Aquarienwassers können Sie problemlos mit Testsets aus dem Zoofachgeschäft messen. Werte über 7 bezeichnet man als alkalisch, unter 7 als sauer. Im Gegensatz zu den meisten Gewässern liegt der pH-Wert im Tanganjikasees deutlich im alkalischen Bereich, bei Werten um 8,0 oder deutlich darüber. Achten Sie darauf, daß in Ihrem Aquarium der Wert nie unter 7,5 absinkt. Da Torffiltermaterialien, Moorkienholz und Kohlendioxid zur Pflanzendüngung das Wasser ansäuern, haben sie in einem Tanganjikasee-Aquarium nichts verloren.

Wasserhärte
Die Anreicherung mit härtebildenden Stoffen wie z. B. Kalk und Salzen ist eine weitere wichtige Eigenschaft des Wassers. Diese Härte wird als Karbonathärte (°dKH) und als Gesamthärte in Grad deutscher Härte (°dGH) angegeben und kann ebenfalls mit im Fachhandel erhältlichen Meßreagenzien bestimmt werden. Tanganjikaseewasser weist Werte von 10 bis 12 °dGH und 15 bis 18 °dKH auf und ist damit als mittelhart bis hart einzustufen. Weicheres Wasser (unter 8 °dGH oder 8 °dKH) ist zur Pflege von Tanganjikasee-Cichliden wenig geeignet, höhere

Speerblatt (Anubias barteri var. Nana, rechts) oder Javafarn (Microsorum pteropus, links) sind als Aufsitzerpflanzen sehr geeignet.

Werte schaden den Fischen dagegen nicht. Weiches Wasser muß auf jeden Fall aufbereitet werden. Eine langsame Aufhärtung können Sie erreichen, indem Sie Kalkgestein zur Dekoration verwenden. Eine etwas schneller wirksame Methode besteht darin, einen Teil des Filters mit Korallenbruch, der im Zoofachhandel erhältlich ist, zu füllen.

Filterung

Für ein Tanganjikasee-Aquarium gibt es je nach Größe drei empfehlenswerte Arten von Filtern:

✔ Für kleine Becken bis 100 Liter genügt ein mit einer Membranpumpe betriebener Schaumstoff-Innenfilter oder alternativ dazu ein kleiner Motor-Innenfilter.

✔ Für Aquarien bis 250 Liter und 100 cm Länge ist ein großer Motor-Innenfilter ausreichend.

✔ Für noch größere Becken ist eigentlich nur ein eingeklebter Innenfilter zu empfehlen. Er besteht aus einer Reihe von Kammern, die auf einer, bei großen Aquarien auch auf beiden Seiten, innen eingeklebt werden (beim Kauf bestellen). Durch eine Öffnung fließt das Wasser in den Filter und wird durch eingeklebte Glasscheiben auf- und abwärts durch die einzelnen Kammern gelenkt. Sie können mit verschiedenem Filtermaterial gefüllt werden. Am Ende befördert eine Kreiselpumpe das Wasser wieder in das Aquarium zurück und erzeugt dabei eine kräftige Strömung. Ein geklebter Innenfilter ist wenig pflegeaufwendig, vor allem wenn er ausreichend groß dimensioniert ist. Er sollte etwa ein Zehntel des gesamten Beckenvolumens einnehmen und braucht dann nur in Abständen von mehreren Monaten gereinigt zu werden.

Als Filtermaterial ist vor allem grobporiger, blauer Schaumstoff aus dem Zoofachhandel zu empfehlen, der besonders einfach zu reinigen ist. Andere geeignete Materialien sind grobe synthetische Filterwatte, Tonröhrchen, »Biobäl-

---

T I P

Wasserwechsel

Der Wasserwechsel ist die wichtigste der regelmäßigen Pflegemaßnahmen in Ihrem Tanganjikasee-Aquarium.

✔ Je nach Anzahl der Fische sollten Sie alle ein bis zwei Wochen ein Viertel bis die Hälfte des Wassers austauschen.

✔ Beim Wasserwechsel darf die Temperatur nur kurzzeitig und um höchstens 3 °C absinken.

✔ Am besten lassen Sie das Wasser direkt aus einem auf die richtige Temperatur eingestellten Boiler oder Durchlauferhitzer durch einen Schlauch ins Aquarium laufen. Montieren Sie dabei am Schlauchende einen Perlator (aus dem Gartenfachhandel), damit vorhandenes Chlorgas ausgetrieben wird, und richten Sie den Strahl auf die Steinaufbauten, um den Sand möglichst wenig aufzuwirbeln.

✔ Sie können auch kaltes und warmes Wasser in einem Eimer mischen, bis es die richtige Temperatur hat.

✔ Wenn Sie den Hauptteil der Filtermaterialien gereinigt haben, sollten Sie mit dem Wasserwechsel mindestens noch einen Tag warten.

---

le« oder grober Lavabruch. Neben den eigentlichen Filtermaterialen sollten Sie auch Filterwatte oder Filtervlies zur Vorfilterung benutzen und dieses Material etwa einmal wöchentlich auswaschen.

Hinweis: Meiden Sie alle nicht lebensmittelechten Filtermaterialien aus Plastik! Hier droht Gefahr für die Gesundheit Ihrer Fische.

Pflanzen im Aquarium

»Pflanzenfreundliches« Wasser hat pH-Werte zwischen 6,5 und 7,5. Es ist weich bis höchstens mittelhart. Tanganjikasee-Cichliden brauchen aber mindestens mittelhartes Wasser mit einem pH-Wert über 7,5. Schon allein daraus folgt: In einem Tanganjikasee-Aquarium wird nur selten ein üppiger Unterwasserwald gedeihen. Und dazu kommt noch das nicht gerade pflanzenfreundliche Verhalten einiger Maulbrüter:

✔ Die großwüchsigen *Cyphotilapia frontosa* (→ Seite 23) werden keine Pflanzen leben lassen.

✔ Bei Aufwuchsfressern (→ Seite 22) und Fadenmaulbrütern (→ Seite 26) stehen die Chancen für Wasserpflanzen etwa 50:50.

Schneckenbuntbarsch (Neolamprologus brevis) zwischen Pflanzen, die auf Steine aufgebunden wurden und dort festgewachsen sind.

✔ Sandcichliden (→ Seite 26) und Kärpflingscichliden (→ Seite 29) lassen Pflanzen weitgehend in Ruhe, sie benötigen aber viel Schwimmraum, so daß üppiger Bewuchs auf den Hintergrund beschränkt bleiben sollte.

✔ Höhlenbrüter sind meist pflanzenfreundlich.

Geeignete Pflanzen

Pflanzen haben in einem Tanganjikasee-Aquarium nur eine Chance, wenn der pH-Wert nicht über 8 und die Härte nicht über 15 °dGH liegt.

Sie müssen hartes, alkalisches Wasser vertragen und ohne Kohlendioxid-Düngung gedeihen. Darüber hinaus ist es von Vorteil, wenn sie eher derbe Blätter besitzen. Nur wenige Pflanzenarten erfüllen diese Anforderungen.

Als Aufsitzerpflanzen (→ Seite 35) sind folgende Arten geeignet:

✔ Javafarn *(Microsorum pteropus)*; außer der Normalform mit ungeteilten Blättern gibt es zwei Zuchtsorten: 'Tropica' (grob gefiedert) und 'Windelow' (fein gefiedert).

✔ Kleines Speerblatt *(Anubias barteri var. nana)*; wächst mitunter nur schlecht ohne Kohlendioxid-Düngung.

✔ Javamoos *(Vesicularia dubyana)*.

Als Hintergrundbepflanzung eignen sich hochwachsende Arten, die bis zur Oberfläche reichen und sich dort ausbreiten:

✔ Amerikanische Sumpfschraube *(Vallisneria americana)*.

✔ Gewöhnliche Sumpfschraube *(Vallisneria spiralis)*.

✔ Riesensumpfschraube *(Vallisneria gigantea)*.

✔ Thailändische Hakenlilie *(Crinum thaianum)*.

✔ diverse Hornkräuter *(Ceratophyllum* sp.); können unter einen Stein geklemmt oder als Schwimmpflanzen eingesetzt werden.

✔ Hornfarn *(Ceratopteris cornuta)* und Sumatrafarn *(Ceratopteris thalictroides)*; können eingepflanzt werden oder an der Wasseroberfläche schwimmen.

✔ Auch einige Amazonasarten kommen mit den Bedingungen in einem Tanganjikasee-Aquarium zurecht, wie z. B. die Herzblättrige Amazonaspflanze *(Echinodorus cordifolius)*. Pflanzen, die im Aquariumboden wurzeln müssen, können Sie auch in einen separaten Blumentopf mit gröberem Kies (und etwas nährstoffreichem Ton als Dünger) einsetzen. Der Behälter kann dann gut hinter oder zwischen Steinaufbauten verborgen werden.

Checkliste
Pflanzenpflege

1 Beleuchten Sie ein bepflanztes Tanganjikasee-Aquarium etwas länger als ein unbepflanztes – etwa 12 bis 14 Stunden am Tag.

2 Regelmäßiger Wasserwechsel (→ Seite 39) erhält nicht nur die Gesundheit Ihrer Fische, er führt auch den Pflanzen Nährstoffe zu, die in einem Tanganjikasee-Aquarium immer Mangelware sind.

3 Kontrollieren Sie regelmäßig, ob Ihre Tanganjikasee-Cichliden an einer Pflanze fressen, Stücke davon abbeißen oder in ihrem Wurzelbereich graben. Setzen Sie solche Pflanzen an eine andere Stelle im Aquarium, oder – wenn das nichts nützt – entfernen Sie sie aus dem Becken.

4 Üppiger Pflanzenwuchs kann zu einer natürlichen Enthärtung und Ansäuerung des Wassers führen. Kontrollieren Sie deshalb Wasserhärte und pH-Wert in einem stark bepflanzten Tanganjikasee-Aquarium mindestens alle zwei Wochen.

Die richtige Ernährung

Die Buntbarsche aus dem Tanganjikasee unterscheiden sich allein schon wegen ihrer ausgeprägten Größenunterschiede in den Futteransprüchen. Hinzu kommt, daß sich manche Arten an ganz bestimmte Nahrungsquellen angepaßt haben. Doch keine dieser Spezialisierungen ist so extrem, daß Sie Ihre Fische nicht mit handelsüblichem Futter ernähren könnten.

Trockenfutter

Es gibt Trockenfutter in den verschiedensten Formen und Größen: vom feinsten Pulver bis zu 1 cm dicken Brocken. Die gängigsten Sorten sind Flocken, Tabletten und Granulate. Speziell für Cichliden sind auch Futtersticks und gepreßte Kugeln im Handel. Trockenfuttersorten können sich aber auch in den Inhaltsstoffen deutlich unterscheiden: Es gibt besonders eiweißhaltige Jungfischnahrung, ballaststoffreiches »Grünfutter« für die vegetarischen Arten oder sogenanntes Farbfutter mit Karotinen, das die rote Färbung Ihrer Fische intensiviert.
Für Tanganjikasee-Cichliden ist hochwertiges Trockenfutter eine hervorragende Ernährungsgrundlage. Achten Sie beim Kauf immer auf das Verfallsdatum, da Vitamine nur begrenzt haltbar sind.

Lebendfutter

Bequemlichkeit, Mangel an geeigneten Gewässern, rechtliche Probleme und die Gefahr, Krankheiten einzuschleppen lassen viele Aquarianer von selbstgefangenem Futter Abstand nehmen. Verschiedene Lebendfuttersorten sind im Zoofachhandel im Angebot.
Krebstierchen: Wasserflöhe (Daphnia) und Hüpferlinge (Cyclops) werden von den Fischen gern genommen und können zur intensiven Färbung der Cichliden beitragen.
Schwarze und weiße Mückenlarven: Schwarze Mückenlarven sollten immer tiefgefroren werden, ansonsten droht Ihnen eine Stechmückenplage. Für Ihre Fische sind sie ein besonders gutes Futter, das die Laichbereitschaft steigert. Ähnlich wertvoll sind weiße Mückenlarven, die manchmal auch lebend angeboten werden. Diese Mückenarten stechen nicht.
Würmer und Insekten: Regenwürmer leben das ganze Jahr in Ihrem Garten, und Fliegenmaden oder die Larven des Mehlkäfers (»Mehlwürmer«) sind überall im Zoofachhandel erhältlich. Für große, nicht vegetarische Buntbarscharten sind sie ein gutes Zusatzfutter.

Das natürliche Freßverhalten von Aufwuchsfressern kann man gut beobachten, wenn man Futtertabletten innen an die Frontscheibe heftet, wo sie von den Fischen abgeraspelt werden.

Was Sie lieber nicht füttern sollten: Rote
Mückenlarven und Tubifex (Schlammröhren-
würmer) stammen oft aus stark verschmutzten
Gewässern und können die Gesundheit Ihrer Fische ernsthaft gefährden.

Frostfutter

Manche Futtertiere sind fast ausschließlich tiefgefroren erhältlich. Vor allem Salinenkrebse
(Artemia salina) und Schwimmgarnelen *(Mysis)*
werden von den meisten Tanganjikasee-Cichliden gerne genommen. Ein gutes Futter ist auch
Fisch-, Muschel- und Garnelenfleisch.

Futter für Aufwuchsfresser

Aufwuchsfressende Arten wie *Tropheus* oder
Ophtalmotilapia ernähren sich im Tanganjikasee von der Algenschicht, die sich im Flachwasser auf Steinen bildet. In dieser Schicht leben
auch allerlei Kleintiere, die mitgefressen werden. Im Aquarium benötigen solche spezialisierten Buntbarsche ein ballaststoffreiches Futter
mit einem hohem pflanzlichen Anteil. Diese Ansprüche werden am besten von speziellem, qua-
litativ hochwertigem Trockenfutter erfüllt, das
Spirulina-Algen enthält. Dabei ist es zweitran-
gig, ob es in Form von Flocken, Granulat oder
Tabletten gegeben wird. Wenn Sie die natürliche Nahrungsaufnahme von Aufwuchsfressern
studieren wollen, verwenden Sie ab und zu Futtertabletten, die an die Frontscheibe des Aquariums geklebt werden. Die Fische raspeln sie re-
gelrecht ab. Ergänzend können Sie gelegentlich
gefrorene Salinenkrebse füttern.

Futter für kleinere Höhlen- und Maulbrüter

Höhlenbrüter bis zu einer Länge von etwa
15 cm und maulbrütende Arten, die keinen
Aufwuchs fressen, ernähren sich im Tanganjikasee vorwiegend von Kleinkrebsen, Insektenlar-

VERSORGUNG IM URLAUB

Wenn Ihr Aquarium über längere
Zeit ohne Probleme in Betrieb war,
werden Sie es ohne Schwierigkeiten für einen kurzen oder längeren
Urlaub vorbereiten können.
✔ Wechseln Sie etwa 5 Tage vor
Ihrem Urlaub ein Drittel bis die
Hälfte des Wassers.
✔ Reinigen Sie Vorfilter, Schnell-
filter oder Innenfilter drei Tage vor
der Abreise.
✔ Erwachsene Fische können Sie
bis zu einer Woche ohne Fütterung
sich selbst überlassen – Jungfische
müssen täglich gefüttert werden.
✔ Wenn Sie für einen längeren Urlaub einen Futterautomat benutzen
wollen, setzen Sie ihn schon einige
Zeit vorher in Betrieb um die Fut-
termenge beurteilen zu können.
✔ Wenn ein Nichtaquarianer sich
um Ihre Fische kümmert, sollten
Sie die täglichen Futterrationen in
kleine Döschen (z. B. Filmdöschen)
abfüllen und mit Datum versehen.
Betonen Sie, daß nicht darüber
hinaus gefüttert werden darf.
✔ Hinterlassen Sie die Telefon-
nummer eines erfahrenen Aquaria-
ners oder eines Zoofachgeschäftes
mit »Fischnotdienst«, für den Fall,
daß ernsthafte Probleme auftreten.

ven und Würmern. Im Aquarium können sie mit allen zur Verfügung stehenden Futterarten problemlos ernährt werden, sofern sie die Brocken bewältigen können. Salinenkrebs-Nauplien (siehe unten) sind dabei von besonderer Bedeutung: Sie werden von den meisten kleineren Höhlenbrütern mit Begeisterung gefressen und haben auf die Farbenpracht der Fische positive Auswirkungen.

Futter für große Tanganjikasee-Cichliden

Die großen Buntbarsche aus dem Tanganjikasee wie *Cyphotilapia frontosa* oder die *Lepidiolamprologus*-Arten sind in ihrer natürlichen Umgebung Fischräuber. Sie fressen zwar gierig, aber oft auch sehr wählerisch. Das angemessene Futter für sie sind gefrorene Garnelen, Fisch- oder Muschelfleisch. Sie können es auch einmal mit geschnittenem Rinderherz, Regenwürmern, Fliegenmaden oder Futtertabletten versuchen, aber oft wird solche Nahrung erst nach einer längeren Eingewöhnungszeit angenommen.

Futter für Jungfische

Jungfische, die gerade freischwimmen, werden hauptsächlich mit frisch geschlüpften Salinenkrebs-Nauplien (siehe unten) gefüttert. Auch feines Trockenfutter, das die speziellen Nahrungsansprüche der Jungfische berücksichtigt, kann ergänzend dazu gegeben werden. Wenn sich auf den Steinaufbauten in Ihrem Aquarium Aufwuchs entwickelt hat, suchen Jungfische darin gerne nach Kleinstlebewesen.

Salinenkrebs-Nauplien: Im Zoofachhandel gibt es getrocknete Eier des Salinenkrebses zu kaufen. Aus ihnen können Sie problemlos feinstes Lebendfutter anzüchten.

Verwenden Sie dazu ein spezielles Anzuchtgefäß – oder ganz einfach eine 1-Liter-Mineralwasserflasche:

✔ Füllen Sie das Gefäß zu zwei Drittel mit Wasser. Fügen Sie 2 Teelöffel einfaches Kochsalz (ohne Zusätze) oder Meersalz für Seewasseraquarien und einen halben Teelöffel Salinenkrebs-Eier hinzu.

✔ Stellen Sie die Flasche an einen warmen Ort (mindestens 20 °C). Die Durchlüftung des Wassers erfolgt mit Hilfe einer Membranpumpe und einem Luftschlauch.

✔ Nach 24 bis 36 Stunden sind die Nauplien geschlüpft. Stellen Sie die Belüftung nun ab und warten sie fünf Minuten, bis sich die Nauplien am Gefäßboden gesammelt haben.

✔ Stecken sie ein Stück Luftschlauch auf eine große Injektionsspritze und saugen Sie damit die Nauplien auf. Entleeren Sie die Spritze dort in Ihrem Aquarium, wo das Futter benötigt wird. Das bißchen Salzwasser schadet Ihren Tanganjikasee-Cichliden nicht.

✔ Kleine Mengen von Nauplien können Sie auch »ernten«, indem Sie das Salzwasser in eine flache Schale füllen und etwas Salinenkrebs-Eier auf die Oberfläche

Farbvariante des Grundelbuntbarsches (Eretmodus cyanostictus) vom Südende des Tanganjikasees.

Männchen von Tropheus moorii »Ikola«
(Kaiser-Moorii).

streuen. Nach ein bis zwei Tagen an einem warmen Standort können Sie die Nauplien mit Schlauch und Spritze vom Gefäßboden absaugen und verfüttern.

Richtig füttern

Eine in Menge und Qualität angemessene Fütterung ist eine Grundvoraussetzung für die Gesundheit und Laichbereitschaft Ihrer Fische. Beachten Sie besonders:

✔ Jungfische sollten drei- bis viermal am Tag gefüttert werden, erwachsene nur einmal.

✔ Lassen Sie erwachsene Fische einen Tag in der Woche fasten.

✔ Achten Sie auf eine möglichst abwechslungsreiche Ernährung.

✔ In Ihrem Tanganjikasee-Gesellschaftsaquarium müssen Sie eventuell gezielt füttern, damit langsamere Fische nicht zu kurz kommen.

✔ Besonders schwierig ist die Fütterung, wenn Sie Aufwuchsfresser mit anderen Arten vergesellschaften. Mit ballaststoffreichem »Grünfutter« werden möglicherweise die anderen Arten nicht richtig satt. Bei proteinreicherer Ernährung könnten die Aufwuchsfresser verfetten oder Darmstörungen erleiden. Ein Kompromiß läßt sich hier am besten mit abwechslungsreichem, hochwertigem Trockenfutter erreichen.

TIP

Infektionen vorbeugen

✔ Kaufen Sie alle Fische für ein Aquarium möglichst auf einmal und nur bei einem Fachhändler oder Züchter Ihres Vertrauens.

✔ Wenn Sie doch einmal Fische nachkaufen wollen, sollten Sie sie vor dem Einsetzen mehrere Wochen in einem Quarantäneaquarium beobachten.

✔ Benutzen Sie bei umfangreichen Wasserwechseln (mehr als die Hälfte) ein Wasseraufbereitungsmittel.

✔ Fügen Sie dem Aquarienwasser Salz hinzu. Verwenden Sie entweder Spezialsalz aus dem Zoofachhandel (nach Gebrauchsanweisung), Seesalz für Meerwasseraquarien oder einfaches Kochsalz ohne jegliche Zusätze wie Jod oder Fluorid (Dosierung jeweils 200 Gramm auf 100 Liter).

✔ Schaffen Sie in Ihrem Aquarium möglichst optimale Lebensbedingungen. Damit stärken sie am besten und nachhaltigsten die natürlichen Widerstandskräfte Ihrer Fische gegen Krankheitserreger.

Krankheiten vermeiden

Krankheiten sind bei Tanganjikasee-Cichliden eher selten. Treten sie aber doch einmal auf, so können die Ursachen vielschichtig sein.

Anzeichen einer Erkrankung

✔ Ihre Fische hocken versteckt am Boden.

✔ Sie stehen ständig dicht unter der Wasseroberfläche oder schwimmen mit schaukelnden Bewegungen.

✔ Ihre Atmung ist deutlich beschleunigt.

✔ Sie scheuern mit Bauch oder Kiemen.

✔ Ihre Flossen sind eng an den Körper geklemmt.

✔ Sie stehen einzeln reglos nahe der Wasseroberfläche in einer Aquariumecke.

✔ Ganz direkte Anzeichen einer Erkrankung sind Trübungen der Augen, Glotzaugen, beschädigte oder ausgefranste Flossen und ein unnatürliches Anschwellen des Bauches.

Mögliche Ursachen

Pflegefehler: Zum Ausbruch kommen Krankheiten häufig erst durch eine Verschlechterung der Haltungsbedingungen. Überprüfen Sie:

✔ Funktionieren Filter, Heizung und Belüftung?

✔ Ist der pH-Wert unter 7,5 gesunken?

✔ Wann war der letzte Wasserwechsel?

Völlig zerstörte Flossen (links) sind meist die Folge heftiger Kämpfe. Ein aufgetriebener Bauch (rechts) weist auf eine Darmerkrankung hin.

✔ Gibt es Streitigkeiten im Aquarium? Versuchen Sie in jedem Fall schnellstens den Normalzustand wieder herzustellen.

Verletzungen: Kämpfende Buntbarsche fügen sich manchmal erhebliche Schäden an Flossen oder Maul zu und unterlegene Tiere verletzen sich auf der Flucht an Steinen. Kampfhähne müssen auf jeden Fall getrennt werden. Oft sind die an den Wunden entstehenden Infektionen aber eine größere Gefahr als die Verletzung selbst. Sie können manchmal schon durch eine Salzzugabe (→ siehe TIP, Seite 46) verhindert werden.

Infektionen: Verpilzungen treten vor allem an verletzten Stellen als wattebauschähnliche Beläge auf. Geschwächte Tiere werden leicht von der sogenannten Weißpünktchenkrankheit befallen, als winzige weiße Pünktchen auf Körper und Flossen erkennbar. Beide Erkrankungen können mit Medikamenten aus dem Zoofachhandel kuriert werden.

Ganz anders verhält es sich bei bakteriellen Infektionen, auf die z. B. Geschwüre, blutunterlaufene Körperstellen und Flossenfäulen hindeuten. Hier ist

für den Aquarianer kaum eine genaue Diagnose möglich. Breit wirkende Medikamente aus dem Zoofachhandel versprechen frühzeitig angewandt einigen Erfolg.

Parasiten: Fische, die weißen, schleimigen Kot abgeben, sich dunkel färben und ruckartig zu würgen scheinen, leiden meist an Darmparasiten. Ein Mittel dagegen ist der Wirkstoff Metronidazol (aus der Apotheke; 500 mg auf 100 Liter Aquarienwasser, nach 3 Tagen 1/3 des Wassers wechseln und über Aktivkohle filtern). Fische, die schnell atmen und sich im Kiemenbereich scheuern, haben wahrscheinlich Kiemenwürmer. Bei starkem Befall und bei Jungfischen, können sie gefährlich werden. Medikamente sind im Zoofachhandel erhältlich.

Unter Jodmangel leiden wahrscheinlich Fische mit deutlich abstehenden Kiemendeckeln, die sich jedoch weder scheuern noch sonstwie krank wirken. Durch die Zugabe des Wirkstoffs Jodjodkalium (aus der Apotheke, 1 ml auf 50 Liter Wasser – bei jedem Wasserwechsel entsprechend nachdosieren) klingen die Symptome nach einigen Wochen ab.

Eine Vergiftung sollten Sie immer auch in Erwägung ziehen, wenn Ihre Fische zu schnell atmen, schreckhaft umherschwimmen, taumeln oder apathisch werden. Toxisch wirken kann z. B. Kupfer aus neuen Wasserleitungen, gechlortes Leitungswasser oder ein überdosiertes Medikament. In jedem Fall muß die Ursache für die Vergiftung beseitigt werden. Erste Hilfe bringt ein mindestens 50%iger Wasserwechsel (→ Seite 39).

VERHALTENSWEISEN UND ZUCHT

Die Faszination, die von den Tanganjika-see-Buntbarschen ausgeht, beruht nicht nur auf ihrer Farbenpracht, sondern vor al-lem auch auf ihrem vielfältigen Verhalten. Vom zärt-lich anmutenden Balzspiel bis zum erbitterten Maulkampf kann der Aquarianer bei ihnen eine Vielzahl packender Beobachtungen machen.

Verhaltensweisen beobachten

Wenn Sie Tanganjikasee-Cichliden im Aquarium pflegen, können Sie vom Freischwimmen der Jungen bis zum heftigen Kampf alle wichtigen Stationen eines Buntbarschlebens mitverfolgen. Wenn diese faszinierenden Fische Reviere bean-spruchen, sich mit ihren Artgenossen streiten, wenn sie sich zu Gruppen oder Schwärmen zu-sammenschließen und sich paaren oder ihren Nachwuchs betreuen, dann sitzen Sie vor Ihrem Aquarium immer »in der ersten Reihe«. Als typi-sche Buntbarsche signalisieren auch Tanganji-kasee-Cichliden den Mitbewohnern ihres Le-bensraums durch ihr Farbkleid und ihr Zeich-nungsmuster, vor allem aber durch ihr Verhal-ten, zu welcher Art sie gehören, ob sie Weib-chen oder Männchen sind, und in welcher Stimmung sie sich befinden. Laute und Gerüche spielen dabei ebenfalls eine Rolle, auch wenn Ihnen das weitgehend verborgen bleiben wird. Das sichtbare Verhalten der Cichliden aber bie-tet wichtige Hinweise, wie Sie Ihre Fische noch besser pflegen und sicher zur Fortpflanzung bringen können.

Neolamprologus tetracanthus, Variante aus dem nördlichen Teil des Tanganjikasees.

Revierverhalten

Bis auf wenige Ausnahmen halten sich Tan-ganjikasee-Cichliden bevorzugt nahe am Boden oder an felsigen Uferformationen auf. Fast alle Arten beanspruchen dabei einen Bereich als ihr persönliches Nahrungsrevier. Es ist die Grundla-ge ihres Überlebens: Dort jagen sie Beutetiere oder sammeln Algenaufwuchs von den Steinen. Für die Fortpflanzung beanspruchen sie zudem ein gewöhnlich kleineres Gebiet, das meist un-gefähr in der Mitte des Nahrungsreviers liegt.

✔ Bei den maulbrütenden Tanganjikasee-Cich-liden ist dies ein Ablaichrevier, in das die Männ-chen fortpflanzungsbereite Weibchen zu locken versuchen. Je nach Buntbarschart kann es die flache Oberseite eines Felsblocks sein, eine im Sand ausgehobene flache Grube oder ein selbstgegrabener Krater.

✔ Höhlenbrüter dagegen besetzen paarweise eine ihrer Körpergröße entsprechende Höhle, in der sie ihre Eier ablegen und die Larven bis zum Freischwimmen betreuen.

All diese Reviere werden erbittert verteidigt, da

ihr Verlust das Überleben oder den Fortpflanzungserfolg der Fische gefährdet. Nur wenige Arten von Tanganjikasee-Cichliden, wie die Kärpflingscichliden (→ Seite 29) begründen keine Reviere, sondern halten sich überwiegend im freien Wasser auf.

Paar- und Gruppenbildung

Die meisten Buntbarsche aus dem Tanganjikasee führen ein mehr oder weniger geselliges Leben und schließen sich zu Paaren, Gruppen oder sogar Schwärmen zusammen. Während und außerhalb der Fortpflanzungszeit kann sich das Sozialverhalten deutlich unterscheiden. Eine Bindung an einen Sexualpartner kommt bei Höhlenbrütern häufig vor (Neolamprologus, Telmatochromis u. a.), bei Maulbrütern dagegen nur selten (z. B. Grundelbuntbarsche, → Seite 23). Auch die Dauer des Zusammenlebens ist von Art zu Art unterschiedlich. Bei Maulbrütern finden sich die Partner oft nur zum Ablaichen und leben in der übrigen Zeit in einer mehr oder weniger großen Gruppe von Artgenossen. Bei Höhlenbrütern dagegen kommen deutlich intensivere Paarbindungen vor. Manche Arten

Pärchen von Xenotilapia ochrogenys »ndole« beim Ablaichen. Rings um die Sandgrube hat das Männchen kleine Hügel aufgetürmt.

(z. B. *Neolamprologus brichardi*) bilden sogar regelrechte »Großfamilien«, in denen Elterntiere und mehrere Generationen von Jungfischen vereint sind. Bei anderen lebt ein Männchen mit mehreren Weibchen in einem Harem zusammen und pflanzt sich mit jedem von ihnen fort. Im Tanganjikasee ist diese Haremsbildung bei *Lamprologus callipterus*, einem Schneckenbuntbarsch, beobachtet worden, im Aquarium kommt sie aber auch bei *Julidochromis*- und *Neolamprologus*-Arten vor.

Die relativ beengten Verhältnisse im Aquarium können bei einigen Arten die natürlichen Bindungen intensivieren. Der Aufwuchsfresser *Tropheus moorii* lebt z. B. im Tanganjikasee in lockeren Gruppen. Im Aquarium wird die Bindung der Gruppenmitglieder aneinander so eng, daß es nahezu unmöglich ist, später weitere Tiere in einen solchen Verband zu integrieren. Nur einige Buntbarscharten aus dem Tanganjikasee bilden richtige Schwärme. Dazu gehören manche Sandcichliden (→ Seite 26) und – in einer extremen Form – die im freien Wasser lebenden Kärpflingscichliden (→ Seite 29).

Kampfverhalten

Wenn Buntbarsche miteinander kämpfen, so hängt dies fast immer eng mit ihrem Revierverhalten und ihrer Fortpflanzung zusammen. Grenzstreitigkeiten treten oft dort auf, wo sich

zwei Reviere berühren oder sogar überschneiden. Zwei Männchen einer maulbrütenden Art werden häufig zu Rivalen, wenn sie gleichzeitig versuchen, dasselbe Weibchen zum Ablaichen zu bringen. Darüber hinaus kann es immer auch innerhalb einer Gruppe zu Kämpfen um die Rangordnung kommen.

Ernsthafte, lang anhaltende Kämpfe sind aber Ausnahmen, meist werden nur ritualisierte »Scheingefechte« ausgetragen. Mit Beschwichtigungs- oder Demutsgesten können die Aggressionen deutlich abgemildert werden. Dabei macht sich das unterlegene Tier möglichst klein und präsentiert dem überlegenen mit zitternden Bewegungen des Körpers seine Bauchseite. Wenn einer der Kontrahenten deutlich überlegen ist, dann ist ein Kampf meist nur eine kurze Begegnung. Nur wenn im Aquarium keine Möglichkeit zur Flucht oder zum Verstecken bleibt, kann schnell eine bedrohliche Situation entstehen: Die weitere Anwesenheit des Verlierers fordert den Gewinner zu immer neuen Attacken heraus. Greifen Sie in einem solchen Fall schnell und entschlossen ein und entfernen Sie das unterlegene Tier aus dem Becken.

Die Phasen des Kampfes:

✔ Jeder Kampf beginnt mit einer Drohung. Die harmloseste Form besteht darin, den Kontrahenten schnell und plötzlich anzuschwimmen, um dann kurz vor ihm abzudrehen.

✔ Führt dies nicht zu Demutsgesten und schneller Flucht, folgt das

sogenannte Breitseit-Imponieren. Beide Fische versuchen sich groß erscheinen zu lassen, indem sie ihre Flossen abspreizen und dem anderen die Flanke präsentieren. Der Höhepunkt der Drohphase ist erreicht, wenn die Tiere energisch mit ihren Schwanzflossen Wasser in Richtung ihres Gegners schleudern.

✔ Gibt keiner der Kontrahenten nach, kommt es zum Maulkampf: Die Fische fassen sich mit ihren Mäulern und versuchen, durch energisches Schieben oder Ziehen den anderen in die Flucht zu schlagen.

✔ In einer weiteren Steigerung kann es dann zu einem Beschädigungkampf kommen, bei dem sich die Fische seitlich rammen. Hierbei, manchmal aber auch schon beim Maulkampf, können sie sich erhebliche Verletzungen zufügen. Im schlimmsten Fall können solche Auseinandersetzungen sogar tödlich enden.

Führen Sie sich immer wieder den großen Unterschied zwischen den Lebensbedingungen in einem Aquarium und denen im Tanganjikasee vor Augen. Je enger Ihre Fische zusammenleben müssen, desto häufiger kommt es zu Auseinandersetzungen. Die beste Maßnahme zur Verhinderung übermäßiger Aggressionen besteht darin, den Buntbarschen genügend Raum zur vollen Entfaltung ihres Verhaltens zur Verfügung zu stellen. Wählen Sie also von vornherein ein möglichst großes Aquarium.

Weibchen von Xenotilapia ochrogenys »ndole« mit ihrem Nachwuchs im Maul.

DOLMETSCHER

Für die richtige Pflege Ihrer Tanganjika-Cichliden müssen Sie Verhaltensweisen deuten können.

 Dies fällt an dem Tier auf.

 Was bedeutet das für den Pfleger?

 So reagiere ich richtig darauf.

 Ein *C. frontosa*-Weibchen hat einen verdickten Kehlsack.

Es betreibt Maulbrutpflege.

Bereiten Sie alles zum Absetzen vor.

 Grundelbuntbarsch frißt Algen.

Aufwuchsfresser brauchen pflanzliche Nahrung.

Füttern Sie Flockenfutter mit pflanzlichen Anteilen.

Ein *T. moori*-Pärchen dreht sich im Kreis.

Die Fische wollen ablaichen.

Sorgen Sie für Verstecke für das Weibchen.

Schneckenbuntbarsch-Weibchen verbringt viel Zeit in seinem Schneckenhaus.

Es könnte ein Gelege betreuen.

Füttern Sie mit Salinenkrebs-Nauplien.

🔊 Zwei Schneckenbuntbarsche imponieren und bedrohen sich.

❓ Sie kämpfen um ein Revier oder Schneckenhaus.

❗ Bieten Sie zusätzliche Schneckenhäuser an.

Ein *N. sexfasciatus*-Pärchen bedroht 🔊 sich mit offenen Mäulern.

Es kommt zum Kampf oder zum Ablaichen. ❓

Greifen Sie zum Schutz des Unterlegenen ein. ❗

👆 Fadenmaulbrüter-Männchen baut Krater.

❓ Es wartet auf ablaichendes Weibchen.

❗ Fördern Sie den Laichansatz der Weibchen durch sorgfältige Fütterung.

🔊 Ein Faden-maulbrüter-Männchen trägt Sand fort.

❓ Es gräbt eine Laichgrube.

❗ Schützen Sie nicht laichbereite Weibchen vor den Attacken des Männchens.

53

👆 Ein *I. signatus*-Männchen imponiert vor einem Schneckenhaus.

❓ Es beansprucht ein Revier.

❗ Achten Sie auf Revierstreitigkeiten.

Unterscheidung der Geschlechter

Bei den meisten Tanganjikasee-Cichliden können die Geschlechter im Jugendstadium nicht unterschieden werden. Wenn Sie eine Art im Aquarium züchten wollen, sollten Sie deshalb eine ganze Gruppe von gesunden Jungfischen erwerben (→ TIPS, Seite 15 und 23) und gemeinsam großziehen. Nach der Geschlechtsreife werden sich Paare finden oder eventuell vorhandene Unterschiede zwischen Männchen und Weibchen deutlich werden:

✔ Bei Kärpflingscichliden (→ Seite 29) und Fadenmaulbrütern (→ Seite 26) sind die Männchen in der Regel prächtiger gefärbt und bei *Cyphotilapia frontosa* (→ Seite 23) haben sie einen ausgeprägteren Stirnbuckel.

✔ Bei *Altolamprologus*-Arten und Schneckenbuntbarschen (→ Seite 14) zeigt sich bereits recht früh, daß die Weibchen langsamer heranwachsen.

Bei den meisten Höhlenbrütern und den paarbildenden Arten der Maulbrüter dagegen bleibt die sichere Unterscheidung von Männchen und Weibchen auch im erwachsenen Stadium erfahrenen Händlern und Züchtern vorbehalten, die dies anhand der unterschiedlichen Genitalöffnungen beurteilen können. Der Laie wird sich damit abfinden müssen, daß er das Geschlecht seiner Fische anfangs meist nicht zuverlässig bestimmen kann. Umso wichtiger ist es, daß Sie das Verhalten Ihrer Fische genau beobachten.

Balz– und Ablaichverhalten der Maulbrüter

Fortpflanzungsbereite Maulbrütermännchen besetzen dauerhaft oder zeitweilig ein Revier, in dessen Zentrum der zukünftige Ablaichplatz liegt. Am Rande eines Kraters, auf einem Felsplateau oder in einer Sandgrube warten sie auf ablaichwillige Weibchen. Andere Weibchen und männliche Rivalen werden energisch verjagt. Nähert sich aber ein fortpflanzungsbereites Weibchen, so präsentiert sich das Männchen, indem es quer vor ihm stehend seine Flossen spreizt. Dann lockt es das Weibchen mit zitternden oder schlängelnden Bewegungen zum Ablaichplatz. Dort drehen sich die Partner in T-Stellung zueinander im Kreis, wobei sie sich abwechselnd auf die Seite legen und mit rüttelnden Bewegungen dem anderen ihre Bauchseite präsentieren. Nach einigen Minuten beginnt das Weibchen in dieser Stellung Eier abzulegen, dreht sich dann um und nimmt sie ins Maul

Neolamprologus brevis (rechts) und N. longior (links) tragen einen heftigen Streit aus.

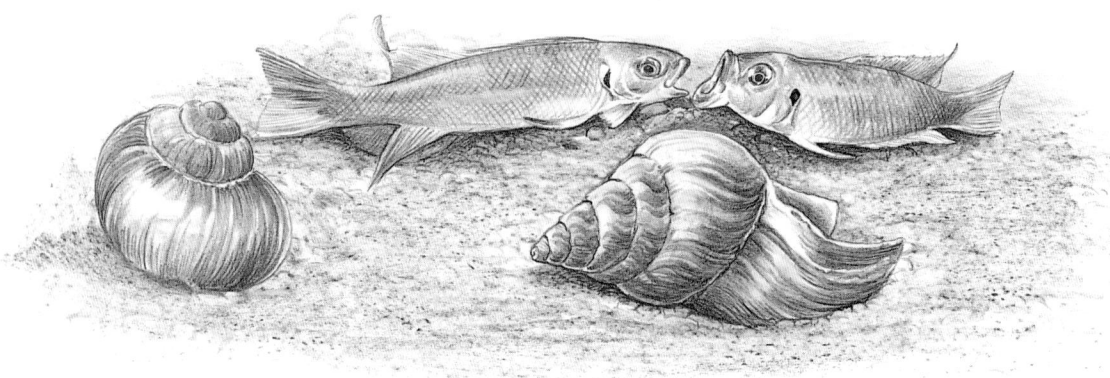

auf. Dann gibt das Männchen Sperma ab, das vom Weibchen ebenfalls ins Maul aufgenommen wird. Dieses Balz- und Ablaichverhalten unterscheidet sich bei den einzelnen Arten höchstens im Detail.

Brutpflege betreibt bei den meisten Arten dann das Weibchen. Von dem Tag an, an dem die Larven schlüpfen, erscheint ihr Mundboden deutlich tiefer ausgewölbt. Besonders junge Elterntiere haben gelegentlich Schwierigkeiten mit der Maulbrutpflege und fressen die Eier oder spucken sie aus. Doch im Normalfall werden die Jungfische nach drei bis fünf Wochen zur Nahrungsaufnahme entlassen. Bei den meisten Arten können sie danach noch bis zu zwei Wochen lang wieder ins mütterliche Maul flüchten, sobald Gefahr droht.

Das Maulbrüten bietet den Jungfischen einen ungewöhnlich guten Schutz. Das schlägt sich in den sehr kleinen Gelegen nieder. Das Extrem stellen die *Tropheus*-Arten dar, die nur etwa zwischen 5 und 15 Eier ablegen.

Balz- und Ablaichverhalten der Höhlenbrüter

Bei den höhlenbrütenden Buntbarschen entsteht der Eindruck einer engen Partnerbeziehung oft nur durch die beengten Verhältnisse im Aquarium. Eigentlich finden sich die Partner bei vielen Arten nur während der Fortpflanzungszeit. Ablaichbereite Pärchen stehen fast ständig nah beieinander vor oder über der zukünftigen Bruthöhle. Ihr Balzverhalten ist wenig auffällig und ähnelt in manchen Phasen dem Aggressionsverhalten. Die Fische umschwimmen einander und stupsen sich gegenseitig in die Bauchgegend. Dann lockt das Weibchen das Männchen mit zuckenden Bewegungen zur vorbereiteten Bruthöhle, an deren Decke oder Wand abgelaicht wird. Das oft größere Männchen paßt bei manchen Arten

TIP

Maulbrüterweibchen »absetzen«

Bei vielen maulbrütenden Cichliden ist es sinnvoll, die Weibchen gegen Ende der Maulbrutpflege »abzusetzen«, d. h., aus einem Gesellschafts-Aquarium in ein separates Becken umzuquartieren. Für Sie ergibt sich damit eine besonders gute Möglichkeit, das Entlassen des Nachwuchses aus dem Maul zu beobachten. Zudem sind die Jungfische dem Zugriff hungriger Verwandter entzogen und können gezielter gefüttert werden.

✔ Richten Sie ein Aquarium von 60 bis 100 Litern (je nach Größe der Art) ein. Dazu genügen ein Bodengrund aus Sand, einige Versteckmöglichkeiten (z. B. Blumentöpfe o. ä.), Heizer und Filter.

✔ Fangen Sie das Weibchen kurz vor Ende der Maulbrutpflege möglichst behutsam aus dem Gesellschaftsaquarium, am besten, wenn das Licht mehrere Stunden ausgeschaltet war und die Fische schlafen.

✔ Setzen Sie das Weibchen ins Gesellschaftsaquarium zurück, sobald es aufhört, seine Jungfische zu betreuen oder beginnt, ihnen nachzustellen. Je größer die Gruppe dieser Buntbarschart im Gesellschaftsaquarium ist, desto leichter wird das Weibchen wieder darin aufgenommen werden.

✔ Setzen Sie aber niemals Weibchen von *Tropheus*-Arten auf diese Weise in ein separates Becken. Sie werden nicht wieder in die Gruppe aufgenommen und heftig bekämpft.

beim Ablaichvorgang nicht selbst in die Stein-höhle oder das Schneckenhaus. Es setzt sein Sperma dann am Eingang ab, von wo es vom Weibchen zu den Eiern gewirbelt wird.
Das Gelege wird bei den meisten Arten in der Folge vom Weibchen betreut. Nach etwa drei Tagen schlüpfen die Larven, die mittels Haft-drüsen an der Höhlenwand oder -decke kleben. Bis die ersten Jungfische am Eingang erschei-nen, vergehen 10 bis 15 Tage. Eine direkte Führung des Nachwuchses durch die Eltern kommt nur bei wenigen Arten vor. Er genießt nur indirekten Schutz, indem er sich im heftig verteidigten Brutrevier aufhalten kann. Wie lange die Jungfische dort bleiben dürfen, ist von Art zu Art unterschiedlich. Manche machen

Sandcichliden der Art Xenotilapia sima leben bevorzugt in kleinen Gruppen – manchmal sogar in richtigen Schwärmen.

sich früh selbständig, andere bleiben bis fast ins Erwachsenenalter.
Höhlenbrüter haben deutlich größere Gelege als Maulbrüter, 50 bis 100 Eier sind das Mini-mum. Bei großen Arten können sie aus mehre-ren Hundert bestehen.

Familienformen
Die grundlegenden Abläufe des Fortpflanzungs-verhaltens sind innerhalb der Höhlenbrüter ei-nerseits und innerhalb der Maulbrüter andere-

seits nahezu gleich. Die Familienformen, in denen die Brutpflege ausgeführt wird, sind jedoch äußerst vielgestaltig.

Bei den Höhlenbrütern gibt es sowohl Arten, die in Einehe leben (z. B. *Neolamprologus caudopunctatus)*, als auch solche, die einen »Harem« gründen (z. B. *Lamprologus callipterus)*. Es kommt auch vor, daß die Männchen eigentlich paarbildender Arten mit mehreren Weibchen nacheinander ablaichen, sofern sich dazu eine Gelegenheit ergibt (z. B. die Gattung *Julidochromis)*. Manche Arten bilden »Großfamilien«, in denen mehrere Generationen von Jungfischen nebeneinander aufgezogen werden (z. B. *Neolamprologus brichardi)*. Oft finden sich diese Tiere in Kolonien zusammen, die viele solcher Großfamilien umfassen können.

Bei den Maulbrütern sind die Familienverhältnisse noch komplizierter: Bei den meisten Arten, die keine Paarbindung eingehen, legen die Weibchen bei einem Laichakt mit einem Partner alle Eier nacheinander ab. Es kommt aber auch vor, daß sie bei einer Störung wegschwimmen und an anderer Stelle mit einem oder mehreren Männchen weiter laichen. Relativ wenige Maulbrüterarten bilden überhaupt Paare, aber gerade bei dieser Gruppe sind die Verhältnisse am kompliziertesten. Bei *Xenotilapia spilopterus* übergibt das Weibchen nach etwa 12 Tagen die Eier an das Männchen, das dann die Brutpflege zu Ende führt. Die Elterntiere mancher Arten tauschen die Eier und Larven täglich hin und her (z. B. *Reganochromis calliurus)*, bei anderen tragen beide die ganze Brutzeit über eine Hälfte ihres Nachwuchses im Maul (z. B. *Limnochromis auritus)*.

Welche Eigenheiten die jeweiligen Arten auch entwickelt haben, für den Aquarianer stellt die Beobachtung des Fortpflanzungsverhaltens der Tanganjikasee-Cichliden einen der Höhepunkte in der Pflege dieser faszinierenden Fische dar.

Checkliste
Höhlenbrüter züchten

1 Den Elterntieren nur hochwertiges Futter geben, damit sich Laichansatz bilden kann.

2 Mehrfache kleine Wasserwechsel durchführen, so daß die Temperatur kurz absinkt und dann wieder steigt.

3 Die richtigen Bruthöhlen in größerer Auswahl anbieten.

4 Sichtblenden (→ Seite 58) so im Aquarium einbauen, daß sich die Partner nicht ständig sehen müssen.

5 Ein zusätzliches Aquarium (ab 100 Liter) einrichten für die Aufzucht der Jungfische oder falls ein zerstrittenes Paar getrennt werden muß.

6 Alles für die Anzucht von Salinenkrebs-Nauplien (→ Seite 44) bereithalten, um den Jungfischen sofort nach dem Freischwimmen Futter anbieten zu können.

7 Die Jungfische herausfangen, wenn sie verjagt werden oder die Eltern nicht mehr ablaichen.

Die meisten Tanganjikasee-Cichliden vermehren sich auch in dem Schauaquarium, in dem sie gehalten werden. Dann empfiehlt es sich, im mittleren Bereich oder im Vordergrund des Beckens einen Haufen kleiner Steine (5 bis 10 cm) aufzuschichten, in dem die Jungfische Zuflucht vor gefräßigen Verwandten finden können. So werden immer wieder einige von ihnen durchkommen. Wenn Sie aber eine bestimmte Art gezielt züchten möchten, sollten Sie ein spezielles Aquarium für sie einrichten.

Zuchtaquarium für Höhlenbrüter

Ein Aquarium zur Zucht von Höhlenbrütern sollte mindestens 100 Liter fassen, bei größeren Arten auch erheblich mehr. Dabei ist die Tiefe des Beckens wichtiger als seine Höhe, so daß häufig Aquarien mit fast quadratischer Bodenfläche verwendet wer-

Zuchtaquarium für Maulbrüter

Je nach Größe der Maulbrüterart benötigen Sie ein Becken von mindestens 250 Liter Inhalt. Wenn kein Innenfilter eingeklebt ist, installieren Sie einen kräftigen Motorfilter. 5 cm feiner Sand und einige aufgeschichtete Lavasteine, Hohlziegel oder Blumentöpfe genügen als Einrichtung. Die Aufbauten brauchen nicht besonders dekorativ sein, dafür aber möglichst leicht. So können Sie das Aquarium in kürzester Zeit ausräumen, wenn Sie Fische herausfangen müssen.

Ein günstiger Ablaichplatz für Maulbrüter der Felsenzone ist möglichst zu mehreren Seiten hin geschützt.

den. Die Einrichtung besteht aus einer mindestens 8 cm hohen Schicht feinem Sand – damit die Tiere die Möglichkeit haben, im Untergrund zu graben – und einer Reihe von Höhlen aus aufeinander geschichteten Steinplatten, Hohlziegeln oder Blumentöpfen (→ Seite 36). Benutzen Sie kein Holz zur Einrichtung. In der Mitte des Aquariums sollten Sie eine große, flache Steinplatte (z. B. aus Schiefer) senkrecht so aufstellen, daß zwischen den Aufbauten in der rechten und der linken Hälfte keine direkte Sichtverbindung mehr besteht. Auf diese Weise helfen Sie, Aggressionen zwischen den Partnern zu vermindern. In solch ei-

Eine Sichtblende trennt die Höhlen von Männchen und Weibchen voneinander ab.

nem Aquarium können Sie eine ganze »Großfamilie« oder Kolonie einer Höhlenbrüterart pflegen und züchten. Bei entsprechender Größe bietet es auch Platz für die Zucht zweier verschiedener Arten, die sich dann aber möglichst wenig ähneln sollten. Auch die Vergesellschaftung einer Höhlenbrüter- mit einer Maulbrüterart ist durchaus möglich, sofern es sich nicht um einen Aufwuchsfresser handelt. Denn Aufwuchsfresser und Höhlenbrüter haben derart unterschiedliche Futteransprüche, daß eine optimale gemeinsame Ernährung – die unbedingte Voraussetzung für eine erfolgreiche Zucht – unmöglich wäre.

Jungfische herausfangen

Bei reger Fortpflanzung werden Sie von Zeit zu Zeit immer wieder Jungfische aus dem Zuchtaquarium herausfangen

müssen. Am besten entfernen Sie dazu am Morgen, direkt nach dem ersten Einschalten des Lichts, ohne Hast, aber doch zügig, alle Einrichtungsgegenstände aus dem Becken. Fangen Sie dann möglichst ruhig mit einem großen Ke-

scher Jungfische heraus und setzen Sie sie in ein Aufzuchtaquarium ein, das allerdings unbedingt die gleichen Wasserwerte aufweisen muß wie das Zuchtaquarium. Richten Sie danach das Zuchtaquarium sofort wieder ein und versuchen

Sie dabei die Aufbauten möglichst wieder genau so zu gestalten, wie sie waren. Die nach einem solchen Eingriff fast immer auftretenden Aggressionen unter den Elterntieren können so auf eine Mindestmaß verringert werden.

Fütterung der Jungfische

Wenn im Gesellschafts- oder Zuchtaquarium maulbrütende Weibchen ihren Nachwuchs entlassen oder junge Höhlenbrüter zum ersten Mal aus ihrer Kinderstube kommen, dann sollten Sie frisch geschlüpfte Salinenkrebs-Nauplien immer schon bereit haben. Wenn Sie Ihre Fische gut beobachten, werden Sie diesen Zeitpunkt recht genau voraussagen und alles vorbereiten können. Befördern Sie die Salinenkrebs-Nauplien mit Schlauch und Spritze (→ Seite 44) in die unmittelbare Nähe der Jungfische – am besten mehrfach in kleinen Portionen,

da die Nauplien schnell durch die Strömung weggetrieben werden. In einem kleineren Becken können Sie die Pumpe des Filters so einstellen, daß die Wasserströmung das Futter von der Oberfläche weg genau unter flache Steinunterstände treibt. Den oft noch scheuen Jungfischen, die sich bevorzugt an solchen Orten aufhalten, schwimmt dadurch das Futter ständig direkt vor das Maul. Gerade in den ersten Tagen und Wochen ist eine regelmäßige, reichliche Fütterung für die Gesundheit der Jungen von entscheidender Bedeutung. Gleichzeitig müssen Sie für optimale Wasserverhältnisse sorgen und regelmäßig vorsichtig Wasser wechseln.

Für scheue Jungfische baut man Verstecke, in die der Wasserstrom des Filters die Nahrungspartikel oder Futtertiere hineintreibt.

Die halbfett gesetzten Seitenzahlen verweisen auf Farbfotos und Zeichnungen.

Schneckenbuntbarsche (hier: Telmatochromis burgeoni) nehmen gern auch größere Schneckenhäuser (z.B. von Meeres-schnecken) als Behausung an.

Adressen die weiterhelfen

• Verband Deutscher Vereine für Aquarien- und Terrarienkunde e. V. (VDA), Geschäftsstelle: Hans und Ingrid Stiller, Luxemburger Str. 16, D-44789 Bochum
Hinweis: Der VDA gibt Auskunft über aktuelle Adressen von Aquarien-verbänden in Ihrem Wohnbereich, hilft weiter bei Vermittlung von Kontakten (z. B. Hilfe bei Fischkrank-heiten, Beschaffung von seltenen Fischen).

• Bundesverband für fachgerechten Natur- und Artenschutz e. V. (BNA), Postfach 1110, D-76707 Hambrücken
Hinweis: Dachverband der Vereine und Ver-bände der privaten Tier-halter. Vertritt deren Interessen v. a. bei Be-langen der Arten-schutzgesetzgebung.

• Deutsche Cichliden-Gesellschaft e. V. (DCG), Geschäftsführer: Winfried Poesdorf, Parkstr. 21a, D-33719 Bielefeld

• Österreichischer Ver-band für Vivaristik und Ökologie, Landesver-band Niederösterreich, Richard Pfister, Langen-lebarnerstr. 50, A-3430 Tulln

• Institut für Zoologie, Fischereibiologie und Fischkrankheiten der Tierärztlichen Fakultät der LMU München, Kaulbauchstr. 37, D-80539 München

Sachversicherung

• Deutscher Ring Kundenservice, D-20449 Hamburg

• Z.O.F. GmbH, Bahn-hofstr. 65, D-31008 Elze

Fragen zur Aquaristik beantworten

Ihr Zoofachhändler und der Zentralverband Zoologischer Fach-betriebe Deutschlands e. V., D-63225 Langen, Tel. 0 6103/91 07 32 (nur telefonische Aus-kunft möglich)

Bücher, die weiterhelfen

• Scheuermann, I.: *Pflanzen fürs Aquarium.* Gräfe und Unzer Verlag, München

• Schliewen, U.: *Aquari-enfische.* Gräfe und Unzer Verlag, München

• Stadelmann, P.: *Das Aquarium.* Gräfe und Unzer Verlag, München

• Staeck, W./Linke, H.: *Afrikanische Cichliden II, »Buntbarsche aus Ostafrika«.* Tetra Verlag, Münster

- Hermann, H.-J.: *Die Buntbarsche der Alten Welt, Tanganjikasee.* Eugen Ulmer Verlag, Stuttgart

- Konings, A.: *Tanganjikasee-Cichliden in ihrem natürlichen Lebensraum.* Cichlid Press

- Konings, A.: *Back to Nature, Handbuch für Tanganjika-Buntbarsche.* Fohrman Aquaristik AB

Zeitschriften, die weiterhelfen

- *DATZ. Aquarien- und Terrarien-Zeitschrift,* Eugen Ulmer Verlag, Stuttgart

- *Das Aquarium.* Birgit Schmettkamp Verlag, Bornheim.

- *Aquarium heute.* Aquadocumenta Verlag GmbH, Bielefeld

- *TI Magazin.* Tetra Verlag, Münster

- *Das Tier.* Egmont Ehapa Verlag, Leinfelden-Echterdingen

Wichtige Hinweise

In diesem Buch sind elektrische Geräte für die Aquarienpflege beschrieben (→ Seite 34). Beachten Sie unbedingt die Sicherheitsvorschriften der Hersteller, da andernfalls schwere Unfälle passieren können. Wasserschäden durch Glasbruch, Überlaufen oder Leckwerden des Beckens können nicht immer vermieden werden. Schließen Sie daher unbedingt eine Versicherung (→ Seite 33) ab. Bewahren Sie Fischmedikamente vor Kindern sicher auf.

Die Fotografen

Die Fotos in diesem Buch stammen vom Georg Zurlo/blickwinkel, mit Ausnahme von: Bork: Seite 21, 53 li.o., re.u.; Kahl: Seite U1 (großes Foto), 4/5, 8, 16 li.o., 17 li.mi., 24 re.u., 25 li.mi., 29, 52 li.u., 64/U3; Nieuwenhuizen: Seite U2, 16 re.u., 48; Werner: Seite 61.

Fotos: Buchumschlag und Innenteil

Umschlagvorderseite: *Cyprichromis leptosoma* (großes Foto), *Neolamprologus cylindricus* (kleines Foto). Umschlagrückseite: *Julidochromis dickfeldi* Seite 1: *Tropheus duboisi.* Seite 2/3: *Lepidiolamprologus kendalli* Seite 4/5: *Julidochromis dickfeldi.* Seite 6/7: *Neolamprologus furcifer.* Seite 64/U3: *Altolamprologus compressiceps.*

An unsere Leserinnen und Leser

Wir freuen uns, Ihre Meinung zu diesem TierRatgeber zu erfahren. Bitte schreiben Sie uns, wenn Sie Berichtigungen und Ergänzungsvorschläge haben oder wenn Ihnen etwas besonders gut gefällt.

Gräfe und Unzer Verlag
Redaktion Natur
Stichwort:
TierRatgeber
Postfach 86 03 66
D-81630 München

Der Autor

Georg Zurlo züchtet und fotografiert seit über 25 Jahren Cichliden. Sein besonderes Interesse gilt den Arten aus dem Tanganjikasee. Er schreibt regelmäßig Fachartikel zum Thema Buntbarsche. Bei der Zeitschrift »das Aquarium« ist er ständiges Redaktionsmitglied und für die Übersetzung und redaktionelle Betreuung aquaristischer Fachbücher und -artikel zuständig. Seit einigen Jahren widmet er sich auch als Sporttaucher der Erforschung der Unterwasserwelt.

Der Zeichner

Johann Brandstetter ist ausgebildeter Restaurator und Maler. Er wechselte durch Forschungsreisen mit Biologen in Zentralafrika und Asien zum Pflanzen- und Tierzeichner. Seit vielen Jahren zeichnet er für namhafte Naturbuchverlage in Deutschland.

Impressum

©1999 Gräfe und Unzer Verlag GmbH, München. Alle Rechte vorbehalten. Nachdruck, auch auszugsweise, sowie Verbreitung durch Bild, Funk und Fernsehen, durch fotomechanische Wiedergabe, Tonträger und Datenverarbeitungssysteme jeder Art nur mit schriftlicher Genehmigung des Verlages.

Redaktion: Anita Zellner
Lektorat: Joachim Kraus
Umschlaggestaltung und Layout:
Heinz Kraxenberger
Zeichnungen:
Johann Brandstetter
Herstellung:
Verena Römer
Satz: Redaktionsbüro Weinberger
Repro: Penta Repro
Druck und Bindung: Stürtz

ISBN 3-7742-1252-X

Auflage 4. 3. 2. 1.
Jahr 02 01 00 99

1 Sind Tanganjikasee-Cichliden auch für Anfänger geeignet?

Ja, viele Arten sind nicht besonders anspruchsvoll. Trotzdem wäre einige Aquarienerfahrung wünschenswert.

2 Kann man sie auch im Gesellschaftsaquarium pflegen?

Manche der kleineren Höhlenbrüter: ja. Aber ihr interessantes Verhalten entfalten sie erst in Gesellschaft anderer Tanganjikasee-Cichliden.

3 Sind Tanganjikasee-Cichliden teuer in der Anschaffung?

Nur seltene Arten und da vor allem Wildfänge. Die meisten Nachzuchten sind nicht teurer als andere Aquarienfische.

4 Woher bekomme ich Tanganjikasee-Cichliden?

·In fast allen Zoofachgeschäften. Seltenere Arten bei spezialisierten Händlern, Züchtern oder über Vereine (→ Seite 62).

5 Muß ich für Tanganjikasee-Cichliden das Leitungswasser besonders aufbereiten?

Nicht wenn der pH-Wert über 7,5 liegt und das Wasser mindestens mittelhart ist. Regelmäßiger Wasserwechsel ist aber sehr wichtig (→ Seite 39).

Der Experte gibt Antwort auf die 10 häufigsten Fragen zur Haltung von Tanganjikasee-Buntbarschen.